"十三五"江苏省高等学校重点教材[编号:2018-2-083]

业群式岗位体育

周文来 主 编

陈 刚 侍丽萍 姚 霞 副主编

西安交通大学出版社
XI'AN JIAOTONG UNIVERSITY PRESS

内容简介

本书是职业院校通识教材,是根据"项群训练理论"和"马克思早期分工思想",结合我国相关教育政策和规范等创编的。本书的编写结构为"三群三块",即"体能主导类、灵巧主导类和心智主导类"三大业群,每类业群又分为"岗位应用、岗位补偿和岗位拓展"三个模块,实现了体育与千差万别的专业设置进行范式性结合,使之能普及于一线教学实践。

本书可作为职业院校学生体育必修课或选修课教材,也可供从事学校体育教学的教师和广大业余体育爱好者参考。

图书在版编目(CIP)数据

业群式岗位体育/周文来主编.— 西安:
西安交通大学出版社,2019.8
"十三五"江苏省高等学校重点教材
ISBN 978-7-5693-1273-7

Ⅰ.①业… Ⅱ.①周… Ⅲ.①体育—高等学校—教材
②健康教育—高等学校—教材 Ⅳ.①G807.4 ②G647.9

中国版本图书馆 CIP 数据核字(2019)第 156034 号

书　　名	业群式岗位体育
主　　编	周文来
责任编辑	贺彦峰　崔永政
出版发行	西安交通大学出版社 (西安市兴庆南路1号　邮政编码 710048)
网　　址	http://www.xjtupress.com
电　　话	(029)82668357　82667874(发行中心) (029)82668315(总编办)
传　　真	(029)82668280
印　　刷	陕西奇彩印务有限责任公司
开　　本	787mm×1092mm　1/16　印张 17.5　字数 437千字
版次印次	2019年8月第1版　2019年8月第1次印刷
书　　号	ISBN 978-7-5693-1273-7
定　　价	49.80元

如发现印装质量问题,请与本社发行中心联系、调换。
订购热线:(029)82665248　(029)82665249
投稿热线:(029)82668284

版权所有　侵权必究

《业群式岗位体育》编委会

编委会主任　苏爱国
副　主　任　包振鸣　高权　汤勤华
编　　　委　（按姓氏拼音为序）
　　　　　　柏林　丁卫卫　高娟　顾德建
　　　　　　束长平　闫媛　朱慧　汤勤华
主　　　编　周文来
副　主　编　陈刚　侍丽萍　姚霞
主　　　审　宋金海

序

本书是"十二五"江苏省高等学校重点教材(新编),编写依据有三个方面。

1. 体育学依据

依据我国运动训练学中著名的"项群训练理论",借鉴"类属聚合"理念,参考《中华人民共和国职业分类大典》和《普通高等学校高等职业教育(专科)专业目录》,对职业岗位劳动负荷特征进行属性归类,按照现有专业对应的第一职业岗位,把劳动负荷对应体育运动负荷,把劳动特征对应体育特征,归类相似负荷和劳动特征,转"项群"训练为"业群"教学或训练。

2. 哲学依据

马克思全面发展学说最为根本的是指人的劳动能力的全面发展。马克思早期把人类劳动分为"体力类、注意类和灵活类",一个人不可能在相同的程度上具备所有这些性质。他认为,"现代社会内部分工的特点,在于它产生了特长和专业,同时也产生职业的痴呆",而"教育就会使他们摆脱现在这种分工为每个人造成的片面性"。

3. 政策依据

本书按照《全国普通高等学校体育课程教学指导纲要》"一纲多本"的原则;教育部《关于加强高职高专教育人才培养工作的意见》"以'应用'为主旨和特征构建课程和教学内容体系"的精神;教育部《关于深化职业教育教学改革全面提高人才培养质量的若干意见》,"加强公共基础课与专业课间的相互融通和配合,……为学生实现更高质量就业和职业生涯更好发展奠定基础"的要求;国务院办公厅《关于强化学校体育促进学生身心健康全面发展的意见》,"深化教学改革,强化体育课,完善体育课程"的指示等,根据学校自身情况进行编写。编写的目的是为了加深学生对职业院校体育与健康课程的理解,理解体育对人的全面发展的作用,理解体育对人的职业发展的作用,理解体育对人的终身发展的作用。

本书以"健康第一"为指导思想,通过不同专业不同模块内容的安排,提高学生会学、会用的能力。通过本书的学习,期望学生在认识到体育与健康的重要性基础上,掌握科学的方法,学以致用,知行合一,养成健康生活方式,提高职业储备能力。

本书主要有以下三大特色。

1. 业群思维，创新编排

依据"业群式岗位体育"理论研究成果，按照体能主导类、灵巧主导类、心智主导类三大业群类专业学生进行编写，既独立成篇，又互为补充，突破了高职院校体育与健康教材承袭普通高等学校体育与健康教材的常规。

2. 立足生本，内容互补

每类业群的专业学生要学的内容，分为岗位应用性内容、岗位补偿性内容、岗位拓展性内容三个模块。岗位应用性内容，针对职业岗位体育需求，必须够用为度设置内容，旨在促进职业发展；岗位补偿性内容，针对局部劳动造成的职业病和局部运动"饥饿"现状设置内容，旨在促进身心全面发展；岗位拓展性内容，针对职业素养和兴趣培养设置内容，旨在促进终身体育发展。

3. 导读引领，任务驱动

教材按照体能主导类、灵巧主导类、心智主导类三大业群的岗位工作特点，对体育与健康内容作出实际的概述，告诉不同专业学生（准职业人）为什么学，学什么，再设计若干个任务部分，告诉学生怎么学，促进学生生成岗位应用、岗位补偿、岗位拓展三方面的体育知识、方法和技能。

本书是江苏省"十二五"重点课题研究成果之一，2013年获得江苏省教学成果二等奖，2016年获得扬州市教学成果一等奖，并且参加了扬州市职业学校教学成果推介活动，2018年评为"十三五"江苏省高等学校重点教材。本书从概念创立到理论研究，框架体系设计到教学实验、教学试点，内容编写的形式和体例都在不断完善。书中很多内容也是首次编入，如某项运动技术片段的切割取用，运动项目的功能性理解等，力求有效地帮助学生提高对体育课程的兴趣，帮助学生更有效地学习，促进健康和职业技能的形成。另外，由于时间紧迫，编者的水平有限，难免挂一漏万，希望使用本书的教师和同学提出宝贵意见和建议，我们会倍加珍惜，既作为未来的课题研究需要，又作为再版的根据，以期呈现出更加完善的业群式岗位体育教材。

本书由江苏旅游职业学院周文来主编和统稿，由陈刚、侍丽萍、姚霞作为副主编进行协助，其他相关骨干教师也参与了编写工作。本书在编写过程中，得到专家和同行的帮助和指导，如江苏旅游职业学院宋金海、汤勤华等参与本书的设计，在此一并表示感谢。

编著者
2019年8月8日

编写说明

体育教材是体育课程的重要载体,也是体育课程改革的中心环节。2019年《国家职业教育改革实施方案》要求:"建立健全学校设置、师资队伍、教学教材、信息化建设、安全设施等办学标准,引领职业教育服务发展,促进就业创业",它为本书提供了强有力的政策支撑,并提供了标准化努力方向。"业群式岗位体育"是破解高职体育与专业融通教育的理论和实践难题的钥匙,是高职体育与健康课程的补充和延伸。本书是针对职业岗位而编写应用性、补偿性、拓展性体育模块,力求跨学科教育合力同向,与学科不同阶段衔接和定位,与高职体育通识教材形成完整的体系。为了便于教师和同学对本书的理解,利于自觉地应用于日常"教和学"的实践以及应对未来日常生活和工作的需要,实现内化的融会贯通,使用本书时希望能够了解以下五个方面的内容。

一、了解什么是业群式岗位体育

"业群式岗位体育"是指根据职业劳动岗位所承担的运动负荷和身体活动特征,找出它们之间存在的某种规律性,把劳动时所有表现出来的相似运动负荷属性和具有相似身体活动特征的职业,归属为同一类别的职业岗位群,称为"业群"。在"业群"的思想指导下,从体育学视角,面向未来职业岗位群,对当前职业技术院校所设置的专业(准职业),按照对应未来的第一劳动岗位划分,把在劳动时具有相似身体活动特征和运动负荷相似的准职业组合到一起,以专业群形式,划入对应的"业群",从而,对他们实施的各种体育教育活动,满足学生需要的岗位特殊身体素质和技能,称为"业群式岗位体育"。

二、了解"业群式岗位体育"类属聚合原则及基本特征

"业群式岗位体育"共分为三大业群,即体能主导类业群、灵巧主导类业群和心智主导类业群。用"主导"字样以表达某一业群类的主要运动负荷特征,避免绝对化。三大业群是如何类属聚合归类划群的呢?一般遵循以下三个原则:

(1)负荷性原则。按照劳动负荷在体力、脑力、灵巧方面的偏重程度作出实际判断。

(2)合并性原则。根据学校人才培养方案把兼备二种劳动负荷相对均衡特征的专业群,划入同一类业群。

(3)多层性原则。每类业群可继续按照某个标准进行二级划分,甚至第三级划分。本书根据实际需要,采用一级划分层次。

"业群式岗位体育"分为三大业群,每个专业对应于一个专业群,从而对应于未来的职业岗位群。根据每个职业岗位群相对独立的基本劳动特征,最终找出每个专业(群)的体育基本特征,见表1所列。

表1 业群式岗位体育基本特征

业群	运动负荷特征	劳动体位特征	肌群工作特征	范例
体能主导类	以体力劳动为主。身体劳动强度较大,体能要求高,劳动时间总体较长,需较高的身体素质,如力量、速度、耐力等才能胜任工作。单位时间内运动负荷大	多以站立、蹲式、屈状等劳动体位,身体空间移动频繁,活动范围大小不一,有远有近,有高有低	以身体大、中肌群工作特征为主体,辅以相应小肌群参与工作	烹饪、地质勘探、导游服务、物流、锻造等
心智主导类	以脑力劳动为主,身体劳动强度小,体能要求低,工作时间往往超出上班规定时间,对脑力提出很高的要求,需要长时间的思考运用能力。单位时间内运动负荷小	伏案型劳动体位为主,工作时,身体空间移动少,活动范围小	以身体小肌群工作特征为主体	艺术、文秘、金融、会计、教师、设计、行政管理等
灵巧主导类	以脑体兼顾为特征,身体局部劳动强度大,工作密度大,对肢体局部灵巧性要求高,对整个身体而言,单位时间内运动负荷属于中小类	以伏案型、站立型劳动体位为主,工作时,身体空间移动不大,活动范围相对较小	以身体中小肌群工作特征为主体	电子装配、通讯话务、计算机操作、驾驶、玉雕等

三、了解《业群式岗位体育》教材编写思路

本书是在"业群"思维的基础上编写的,运用推导式思维展开。第一步,集合学校的所有

专业,立足校本,去伪存真找出对应的就业岗位,并分析岗位需要的体育特征。第二步,将分析后的岗位体育特征归类成职业岗位群,直接推导出对应的学校学科专业群,再对应成岗位体育群,最终对岗位体育群分门别类地进行课程项目内容编写。

　　本书编写的真正逻辑立足点是站在职业岗位上思考现实的体育问题,正如教育部在《关于全面提高高等职业教学质量的意见》(教高[2006]16号)文件中指出,高等职业院校要积极与行业企业合作开发课程,根据技术领域和职业岗位(群)的任职要求,参照相关的职业资格标准,改革课程体系和教学内容。尽管教材编写中的职业岗位群是重组归类后的职业岗位群,但是,目的与上述《意见》思想吻合。为了便于读者更加高效地使用本书,我们构建了本书编写思维导图,如图1所示。其中,岗位体育群分为体育理论群和体育实践群两个部分,每块又分为三个部分,即岗位应用性体育、岗位补偿性体育和岗位拓展性体育,三位一体共同构成面向职业岗位发展的体育、全面发展的体育和终身发展的体育思想。本书针对岗位直接需要的体育;弥补身体运动营养不良和防止职业病发生的体育;满足兴趣爱好和特殊技能要求,提升职业素养的体育。

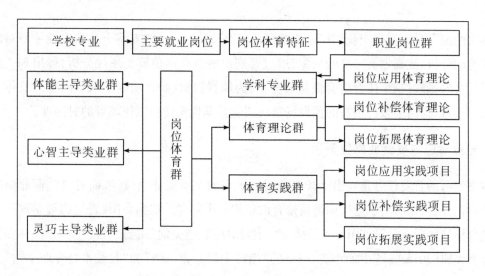

图1　"业群式岗位体育"教材开发思维导图

四、了解《业群式岗位体育》教材编写结构

　　本书属于自主创新教材,是理论到实践的一个载体。编写的过程既是运动研究的理论过程,也是实践检验的过程。本书主要采用理论先行、实践并重的编写方法(教学实验、教学试点、教学展开),不断完善教材编写工作。教材总体结构按照"三群三块三生成"思路编写,即"体能主导类、灵巧主导类和心智主导类"三大业群,每个业群内容分为"岗位应用性、岗位补偿性和岗位拓展性"三大模块,三群三块共同指向每类业群的知识、技能、健康行为等

学科核心素养及职业素养能力的生成,如图2所示。

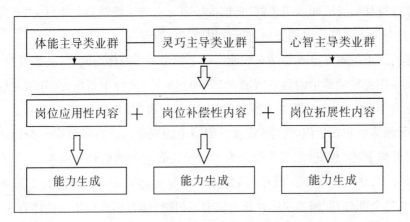

图2 "三群三块三生成"编写思路示意图

五、了解《业群式岗位体育》教材编写的可靠性

本书的编写是为实现职业院校体育教育目标而设计的。通过对部分高职专业主要对应就业岗位的分析,找到划类归群的对象;通过甄别出的就业岗位群类属性分析,得出划类归群的真凭实料;通过三个体育内容模块的分析,为体育教材编写,明确了项目内容的具体方向。层层递进,提高了教材编写的预设场景与课堂教学现实岗位工作场景的对接度。

1.专业对应主要就业岗位甄别

本书编写的首要任务是找出学校专业对应未来的主要就业岗位,继而对这些职业岗位进行校本化分析,相对科学地按照类属聚合的思想划类归群。根据我国《普通高等学校高职高专教育指导性专业目录(2015)》,列举的"主要对应职业类别"主要来自《中华人民共和国职业分类大典(2015版)》中的小类;列举的"衔接中职专业举例"和"接续本科专业举例"分别来自《中等职业学校专业目录(2010年修订)》和《普通高等学校本科专业目录(2012年)》。为了达到专业对应主要就业岗位的校本化,追求教材编写形与神的统一,真正体现专业与职业岗位的对接,本书以江苏旅游职业学院部分高职专业为示例对象,对照高职专业目录中列出的"主要对应职业类别",再根据学校人才培养方案中主要就业方向,各专业顶岗实习基地,学生实习顶岗状况等进行多方面考察,作出相对科学的判断,求得教材开发对应职业岗位的可靠性程度,见表2所列。

表2 教材编写专业对应主要就业岗位校本化分析

序号	专业名称	《普通高等学校高等职业教育（专科）专业目录（2015年）》主要就业岗位	《江苏省五年制高等职业教育专业目录（2016年）》，再据学校培养方案主要就业岗位	学校实习基地情况研究分析	学生顶岗实习主要岗位调查情况分析	岗位综析和校本课程开发岗位对象
1	烹饪工艺与营养	餐饮服务人员	各大、中、小企业菜肴制作、中西面点制作、中餐饮管理等	集中在中组部、人民大会堂等行政机构餐厅及宾馆大酒店类。	主要为餐饮服务人员	厨师
2	旅游管理	旅游及公共游览场所服务人员	中、外文导游，旅行、旅游景点，会展中心及各类场馆，星级饭店等管理与服务	集中在人民大会堂、宾馆等服务人员，中青旅等导游服务	主要为餐厅摆台、导游等服务人员	餐厅摆台、导游
3	物流管理	仓储人员管理（工业）工程技术人员	物流企业仓储、运输管理，物流信息管理，物流市场营销，商品配送、跟单员等	主要从事市场营销、商品配送等工作，其自主实习较多，岗位杂	物流市场营销，物流信息管理，商品配送等人员	仓储人员，商品配送营销人员
4	人物形象设计	形象设计师、美容师、化妆师、美发师	美容、美发机构的高级技术人员，国内外化妆品、保健品营销与管理，养生形象设计顾问等	集中在天姿等美容美发、美甲、化妆场所	主要从事美容美发美甲、化妆工作	形象设计师，美容师，化妆师，美发师
5	珠宝玉石鉴定与加工	检验、检测和计量服务人员，工艺美术品制造人员	珠宝玉器设计与制作、玉器抛光、珠宝鉴定及珠宝玉器的生产管理与营销	集中在扬州金鹰玉器厂等玉石市场与公司	主要从事对玉石的切割、打磨、雕刻等	玉器工艺美术品制作人员
6	计算机应用技术	信息和通信工程技术人员、软件和信息技术服务人员、计算机制造人员、计算机和办公设备维修人员	网络管理、WEB应用开发、计算机及网络产品的营销及售后服务、应用程序设计开发、办公自动化应用、平面广告设计与制作等	相对集中于计算机及网络产品的营销与售后服务等，其自主实习较多，岗位杂	计算机及网络产品的营销与售后服务	计算机及网络产品的营销与售后服务人员

续表

序号	专业名称	《普通高等学校高等职业教育（专科）专业目录（2015年）》主要就业岗位	《江苏省五年制高等职业教育专业目录（2016年）》，再据学校培养方案主要就业岗位	学校实习基地情况研究分析	学生顶岗实习主要岗位调查情况分析	岗位综析和校本课程开发岗位对象
7	应用电子技术	电子工程技术人员、仪器仪表装配人员	电子产品调装、检验及管理，电子应用系统的安装调试，电子设备的运行和维护，电子产品开发，电子应用系统工程设计和监理等	集中在扬州乾照光电等企业	主要从事芯片、LED产品部件切割焊以及电子产品调装、检验等工作	电子仪器仪表装配人员
8	物联网技术及应用	信息和通信工程技术人员、信息通信网络运行管理人员	物联网方案设计，物联网技术应用实施与管理，物联网智能电子产品生产、销售及售后服务等岗位	首届多为自主实习,岗位杂	电子产品生产、销售及售后服务等岗位	电子产品生产、销售及售后服务人员
9	商务管理	商务专业人员、商务咨询服务人员	企业产品的采购管理、人力资源管理开发、行政文秘、营销、财务管理、物流管理、企业ERP信息工程管理等	比较集中在扬州珍园招商银行等商务类场所，其自主实习较多,岗位杂	客服与销售等工作	客服与销售人员
10	动漫设计与制作	信息和通信工程技术人员、软件和信息技术服务人员、广播电视电影和影视录音制作人员、工艺美术与创意设计人员	动画制作公司、影视制作公司、新闻媒介、网络与多媒体制作公司、专业设计公司、广告公司、玩具设计公司等	相对集中在扬州爬山虎数字技术有限公司等	主要从事数字图像的创意设计、制作和软件集成等	网络与多媒体制作、工艺美术与创意设计人员等

续表

序号	专业名称	《普通高等学校高等职业教育（专科）专业目录（2015年）》主要就业岗位	《江苏省五年制高等职业教育专业目录（2016年）》，再据学校培养方案主要就业岗位	学校实习基地情况研究分析	学生顶岗实习主要岗位调查情况分析	岗位综析和校本课程开发岗位对象
11	艺术设计	专业化设计服务人员、工艺美术与创意设计人员	工艺产品的设计、开发、制作、营销，广告、视觉媒体策划、设计、制作等	主要集中在广告公司等，自主实习多，岗位杂	主要从事视觉媒体设计制作、产品营销等	视觉媒体设计制作人员
12	电子商务	销售人员、商务咨询服务人员	商务信息管理、电子商务运营、网络客服、网站维护与管理等工作	相对集中在京东、扬州电子商务广告有限公司等商务类场所	主要从事网络客服、网站维护、销售工作	网络客服、网站维护、销售人员
13	会计	会计专业人员	财务的出纳、核算、记账、资金管理、仓库核算、财务管理、审计、会计师事务所职员、银行职员、财务软件营销等	相对集中在交通银行、公司企业等	理财、客服、收银员等工作，后期有不少从事会计专业岗位	会计专业人员
14	商务英语	商务专业人员、行政事务处理人员、翻译人员	国际贸易单证员、涉外文秘、国际营销助理等	外贸客服、营销等机构，多自主实习，岗位杂	单证、客服、营销等	商务专业人员

2. 主要就业岗位与群类划分

通过分析得出本校学生专业对应的主要就业岗位为专业归群找到了立足点。然后，站立于职业岗位的劳动场景，去分析劳动者劳动特征，即劳动姿势特征、劳动负荷特征、劳动方式特征。重点关注劳动者的劳动负荷和劳动方式：劳动负荷着重于劳动者在单位时间内的劳动强度，每天总体的劳动量；劳动方式着重于劳动者劳动时主要表现的外在形式，即体能、脑力和灵活方面。通过现实工作场景的观察、访谈调查、亲身劳动体验等方式，对他们作出相应的判断。再从体育运动训练学的视角，从身体素质的要求去对应他们的劳动特征，从而做出体能主导类、灵巧主导类和心智主导类业群的结论，见表3所列。

表3 部分高职主要就业岗位和工作群类属性分析

序号	专业名称	校本课程开发岗位对象	劳动特征分析	群类
1	烹饪工艺与营养	厨师	站立型,劳动时间长,上下肢工作强度大,明显偏重体能	体能主导类
2	旅游管理	餐厅摆台导游	站立型,具有体能和灵巧性特征,二者都对下肢耐力要求高,偏重体能	体能主导类
3	物流管理	商品配送营销人员	站坐屈混合,从业复杂,有三类业群特征,早期偏重体能	体能主导类
4	人物形象设计	形象设计师、美容师、化妆师、美发师	站立型,劳动时间长,上肢灵活要求高,同时具备一定的上臂悬空持久力和下肢耐力素质,主灵巧,兼体能	灵巧主导类
5	珠宝玉石鉴定与加工	玉器工艺美术品制作人员	伏案型,是一种精细性工作,手眼协调,手指精准要求高	灵巧主导类
6	计算机应用技术	计算机及网络产品的营销及售后服务人员	站坐屈混合,从业岗位复杂,兼备灵巧和心智特征,从业早期偏灵巧兼心智。水平提升后多偏重于心智,不在本研究范围	灵巧主导类
7	应用电子技术	电子仪器仪表装配人员	伏案型,单位时间内集中神智,手眼协调,手指精准要求高,偏灵巧,兼心智	灵巧主导类
8	物联网技术及应用	电子产品生产、销售及售后服务人员	站坐屈混合,从业岗位复杂,具有灵巧与心智特征,早期多从事产品生产、销售和网络服务,偏灵巧,兼心智	灵巧主导类
9	商务管理	客服与销售人员	岗位对应与实际从业差距大,因研究需要,根据目录对应划分偏重心智	心智主导类
10	动漫设计与制作	网络与多媒体制作、工艺美术与创意设计专业人员等	伏案型,多运用电脑软件进行设计制作,注意力要求高、偏重心智	心智主导类
11	艺术设计	视觉媒体设计制作人员	伏案型,实际从业比较复杂,一般偏重于脑力劳动	心智主导类

续表

序号	专业名称	校本课程开发岗位对象	劳动特征分析	群类
12	电子商务	网络客服、网站维护、销售人员	伏案型,多利用网络平台工作,偏重于脑力劳动	心智主导类
13	会计电算化	会计专业人员	实际岗位伏案型,对注意力要求高,偏心智,兼灵巧。岗位特殊,早期从业复杂,后期专业对口较多	心智主导类
14	商务英语	商务专业人员	站坐混合型,从业岗位复杂,培养目标较高,就业对口较难,因研究需要以"商务专业人员"为依据	心智主导类

3. 主要就业岗位与体育内容

找到了学校专业对应岗位和对应专业群后,接着就要依据业群式岗位体育内容体系构建的三个体育内容模块,即岗位应用模块、岗位补偿模块和岗位拓展模块的顺序,依次分析各专业的岗位应用性、岗位补偿性和岗位拓展性体育内容,以此为体育校本教材开发提供真实可靠内容的"源头活水"。体育内容瞄准岗位、围绕岗位进行,着力点虽在学校,视野却放之于就业场景,见表4所列。

表4 部分高职专业群与主要体育内容分析

业群	专业名称	岗位对象	体育内容		
			岗位应用	岗位补偿	岗位拓展
体能主导类	烹饪工艺与营养	厨师	上肢、手腕力量,下肢力量耐力等	腰腹力量、柔韧等,防职业病	侧重于篮球、排球、足球、健美、散打、障碍跑、爬绳、云梯、耐力跑,中暑和溺水救护等内容
	旅游管理	餐厅摆台导游	下肢有氧耐力、平衡力,手腕手指灵活性	腰、背肌力等,防有关职业病	
	物流管理	商品配送营销人员	下肢耐力,上肢和腰腹肌力等	腰腹柔韧灵活性,防职业病	

续表

业群	专业名称	岗位对象	体育内容		
			岗位应用	岗位补偿	岗位拓展
灵巧主导类	人物形象设计	形象设计师、美容师、化妆师、美发师	手腕手指灵活性、上臂悬空耐力、颈部和下肢力量耐力	腰背肌力等，防相关职业病	侧重于乒乓球、羽毛球、毽球、健美操、轮滑、空竹、武术套路、灵敏性游戏等体现灵巧性内容
	宝玉石鉴定与加工	玉器工艺美术品制作人员	手指精准性、上肢灵活性、颈背耐力等	下肢力量、髋关节等灵活性，防职业病	
	计算机应用技术	计算机及网络产品的营销及售后服务人员	手指手腕灵活性、手眼配合能力，辅以注意力、颈背肌力	下肢、腰及适当体能类内容，防有关职业病	
	应用电子技术	电子仪器仪表装配人员	手指精准性、上肢灵活性、手眼配合，注意力	下肢力量，腰腹肌力，防职业病	
	物联网技术及应用	电子产品生产、销售及售后服务人员	手指精准性、上肢灵活性、手眼协调等	上下肢力、腰腹肌力，防职业病	
心智主导类	商务管理	客服与销售人员	精神注意力、眼抗疲劳力，背颈肌力等	下肢、腰腹肌力等，防职业病	侧重于五禽戏、太极拳、八段锦、气功、棋牌、台球、街舞、花样跳绳、逃生自救、瑜伽、形体训练、游泳、户外CS等运动休闲性内容
	动漫设计与制作	网络与多媒体制作、工艺美术与创意设计专业人员等	注意力，眼抗疲劳力，背颈肌力，上肢灵活性	下肢、腰腹肌力等，防职业病	
	艺术设计	视觉媒体设计制作人员	神经和眼抗疲劳力，颈肌力，上肢灵活性	下肢、腰腹肌力等，防职业病	
	电子商务	网络客服、网站维护、销售人员	精神注意力，眼抗疲劳力，背颈肌力，上肢灵活性	下肢、腰腹肌力等，防职业病	
	会计电算化	会计专业人员	神经和眼抗疲劳力，手指触觉和灵活性	下肢、腰腹肌力等，防职业病	
	商务英语	商务专业人员	注意力，神经敏捷反应，颈背肌力	下肢、腰腹肌力等，防职业病	

本书是以职业院校教学实际为根本,使用者不能脱离学校的现实条件,可以根据本校实际情况对教材内容的使用进行选择优化。建议教材使用时最好能在新生入学时第一课进行介绍,让不同专业的学生了解未来几年为什么学、学什么,作出合理的选择判断。对于教材学制,至少要有0.5年系统时间安排,能系统完成岗位应用性模块和岗位补偿性模块,其中拓展性体育模块最好能与选项课或选修课结合,或者三个模块有机融合,进行概括性学习。

本书是告诉师生一种示范性方法,教学内容要在业群的框架体系中寻找,譬如拓展类每个业群只是列举三个运动项目示例,加以说明。对于运动项目来说更不能一一列举,传统的、时尚的、地方的、外来的、创新的,无论什么教材都不能包罗万象。业群的划分以"主导"来区分,岗位特征的界限不能绝对化理解,内容选学上也不能绝对化,每类业群在教材概述导读中都进行了提示,用"侧重于"词汇代替,用功能化目的去理解拓展性内容的选择。对于拓展性体育,学生必然有兴趣相同的选择,与教材结构逻辑形成交叉性矛盾,也切勿绝对化理解,教材的编写区分是为了三大业群三大模块的逻辑性结构合理化。另外,人体是一个系统,并不是孤立的板块,拓展性模块中的篮球划入体能主导类,那么,其中的运球技术又何尝不是灵巧类锻炼内容呢!如同有人跑步为了减脂瘦身,却又锻炼了心肺功能,提高了腿部的力量耐力,锤炼了人的意志品质等,只是目的不同,理解不同而已,如此才是本教材使用的正确途径。

编著者

2019年8月8日

目 录

体能主导类业群体育与健康

项目1　体能主导类业群体育与健康概述 ………………………………………… 1
项目2　体能主导类业群岗位应用性体育与健康 ………………………………… 5
　　任务一　专门性体能素质基础训练 …………………………………………… 5
　　任务二　综合性体能素质基础训练 …………………………………………… 19
项目3　体能主导类业群岗位补偿性体育与健康 ………………………………… 24
　　任务一　体能主导类业群运动"饥饿"补偿训练 …………………………… 24
　　任务二　体能主导类业群常见职业病及预防保健 ………………………… 41
项目4　体能主导类业群岗位拓展性体育与健康 ………………………………… 44
　　任务一　篮球 …………………………………………………………………… 44
　　任务二　排球 …………………………………………………………………… 50
　　任务三　足球 …………………………………………………………………… 62

灵巧主导类业群体育与健康

项目5　灵巧主导类业群体育与健康概述 ………………………………………… 80
项目6　灵巧主导类岗位应用性体育与健康 ……………………………………… 84
　　任务一　专门性灵敏素质训练 ………………………………………………… 84
　　任务二　综合性灵巧素质基础训练 …………………………………………… 93
项目7　灵巧主导类业群岗位补偿性体育与健康 ………………………………… 113
　　任务一　灵巧主导类业群运动"饥饿"补偿训练 …………………………… 113
　　任务二　灵巧主导类业群常见职业病及预防保健 ………………………… 115
项目8　灵巧主导类业群岗位拓展性体育与健康 ………………………………… 119
　　任务一　羽毛球 ………………………………………………………………… 119

任务二	乒乓球	127
任务三	健美操	136

心智主导类业群体育与健康

项目 9	心智主导类业群体育与健康概述	152
项目 10	心智主导类岗位应用性体育与健康	155
任务一	专门性心智主导类素质基础训练	155
任务二	综合性心智素质基础训练	168
项目 11	心智主导类业群岗位补偿性体育与健康	187
任务一	心智主导类业群运动"饥饿"补偿训练	187
任务二	心智主导类业群常见职业病及预防保健	190
项目 12	心智主导类业群岗位拓展性体育与健康	195
任务一	网球	195
任务二	太极拳	209
任务三	体育舞蹈	233

附录 1　体能主导类业群岗位应用性素质评价 ······ 241

附录 2　灵巧主导类业群岗位应用性素质评价 ······ 247

附录 3　心智主导类业群岗位应用性素质评价 ······ 253

体能主导类业群体育与健康

学习目标

1. 了解体能主导类业群的素质要求特点,主动参与体育锻炼;
2. 掌握一两项运动技能,学会自我锻炼的方法,自觉进行锻炼;
3. 促进身心健康发展,提高职业素养,增加社会适应和职业能力。

项目1 体能主导类业群体育与健康概述

一、岗位应用性体育与健康

1. 岗位应用性体育与健康的特点

体能主导类职业(专业主要对应未来的第一职业岗位),其劳动特征表现为局部肌肉工作强度较大,大肌群、中大肌肉群参与工作多,肌肉工作负荷也较大,对人体素质要求以力量、耐力或力量耐力混合型等体能性素质为主,偏重于体力劳动,对有氧氧化系统,乳酸能系统能力,以及心血管系统、呼吸系统等器官功能要求较高。从身体工作姿势特点看,常以站立、半站立型为多,身体空间移动频繁,活动范围大小不一。工作环境上,还要求具有抗热抗寒能力等,如景点导游、地质勘探、工程建筑类职业等。通过分析,体能主导类业群岗位应用性体育主要在于全面发展走、跑、支撑、跳跃、攀爬能力,提高适应体能性工作岗位的身体需求。

2. 岗位应用性体育与健康的主要内容

(1)专门性体能素质训练。主要包括上肢力量素质训练、躯干腰腹力量素质训练、下肢力量素质训练。

(2)综合性体能素质训练。主要包括田径类项目训练、球类训练和体育游戏训练等。

3. 岗位应用性体育与健康的注意事项

(1)以力量练习为主线。力量是其他素质的基础,所以,体能主导类业群岗位应用性体育主要以力量练习为主线,以突显力量的基础性功能,同时辅以耐力、速度等素质。学习者在学习时要能结合自己的专业工作特点进行消化理解与应用。

(2)内容要有针对性。同属于体能主导类专业(与未来第一职业岗位所对应),二者的岗位应用性身体素质要求是不尽相同的,需要学习者区分理解。

(3)内容学习要有发散性。限于篇幅,本模块并不能把一些体能性特点突出的运动项目尽列其中,本模块只是告诉学习者常见的、简单的练习方法,重在为学习者提供指导。有条件的学习者完全可以借助于专门场馆里的训练器械进行练习。

二、岗位补偿性体育与健康

1. 岗位补偿性体育与健康的特点

对应体能主导类某一职业的长期专门化局部劳动操作而言,容易造成岗位直接应用性之外的关节肌肉缺乏运动,出现肌力下降,关节僵化,灵敏、协调性弱化等现象,有必要安排体能主导类职业补偿性内容。如烹饪专业,由于工作时对腰腹肌素质要求不高,补偿性内容就要注意,发展腰腹肌力量耐力,预防腰腹部肌肉肥胖,降低肌力现象,提高反应速度,练习柔韧等内容。体能主导类职业长期程序化的局部劳动特点,要求局部身体素质应用的专门化。这种专门化相对固定的劳动姿势和劳动负荷,在日积月累职业生涯操作中,容易造成局部肌肉关节的劳损,产生职业病。

2. 岗位补偿性体育与健康的主要内容

(1)预防运动"饥饿"补偿。如腰部力量训练(具体参照岗位应用性腰部训练法),关节柔韧性训练等内容。

(2)常见职业病及预防保健。如肩周炎、腰椎病预防保健等方法内容。

3. 岗位补偿性体育与健康的注意事项

(1)领会岗位补偿性的要义。岗位补偿性体育主要出于两个目的:一是防止非工作肌肉群、关节等机体器官功能性下降;二是预防职业病。限于篇幅与专业设置的实际情况,编者只能停留在相对笼统层面,如关节的柔韧性是体能类劳动普遍的薄弱环节,作为典型而列出来,其他补偿性内容是难以一一列举的。本主题在于传递"补偿"的要义,本书只是"补偿"思想体系的引擎,而不是作为库存取用的宝典。

(2)领会"补偿"与"应用"的统一性。由于学校专业设置差异性,同样是体能类专业,有的专业补偿性内容在另一体能类专业却属于应用性内容,这种交叉在所难免。为了避免此类现象重复,在体能类岗位"应用性"部分,尽可能地列出主要部分身体素质训练方法,而岗位"补偿性"内容涉及到此方面素质,可参照体能类岗位"应用性"内容,不再重复,如预备知识中,列举出腰部力量训练(具体参照岗位应用性腰部训练法),就是说明"不再重复"这一点的。其次,对于补偿体育更为具体的安排只能让学习者根据自己目前专业,对应未来职业岗位作出选择和应用。

三、岗位拓展性体育与健康

1. 岗位拓展性体育与健康的特点

体能主导类业群对劳动者的体能素质要求是较高的,而一个人的精力又是有限的。只有有目的地选择体育运动项目,才能更加高效地服务于未来职业岗位。据此,体能主导类职业应从有效性、长期性和特殊性三个方面入手。一是有效性着重选择体能类且最好能与职业动作或多或少相近的体育项目。二是长期性体育在于坚持,而坚持最大的力量来自兴趣。培养体能类体育项目兴趣,掌握一至两项目体能类运动技能,就能把发展体能内化为自觉的行动并在运动中获得快感,促进身心的健康发展。三是考虑职业体能类特殊性体育需要,如景点导游的防身自卫技能、高温操作中的中暑急救、工作的扭伤拉伤急救常识与运用等。这些都是能较好地体现竞争与合作的意识培养、耐寒耐热耐艰苦品质的磨炼性体育运动。

2. 岗位拓展性体育与健康的主要内容

(1)拓展兴趣;

(2)拓展特殊技能;

(3)拓展职业素养。

体能主导类业群岗位拓展内容可以侧重于篮球、排球、足球、健美、散打、跆拳道、障碍跑、爬绳、云梯、耐力跑、运动损伤包扎、急救人力担架运输、中暑和溺水救护等内容,既能较好体现体能类拓展主旨,又能契合岗位特征。

3. 岗位拓展性体育与健康的注意事项

(1)运动负荷相近性。篮球、排球、足球等内容与专业的体能性工作特点相近,运动时其大肌肉群活动较多,体能消耗大。学习者要能结合自己的专业工作特点进行消化理解与应用,最好能系统学习,掌握一两项运动技能。

(2)学习要有灵活性。一是本主题限于篇幅,并不能把体能性项目尽列其中,学习时要能融会贯通。二是就兴趣而言,体能主导类与灵巧主导类、心智主导类专业学习者都可以一样喜欢某项运动,作为兴趣爱好发展之间没有鸿沟,不要产生误解,认为体能主导类专业的学习者就不能爱好其他体育项目了。

项目2　体能主导类业群岗位应用性体育与健康

> **任务一**　专门性体能素质基础训练

一、上肢力量素质练习

1. 指力练习

1) 手指俯卧撑。双手十指着地支撑身体,吸气时下落,呼气时上撑。每组10~15次,分3组练习,指力强者,可以中、食四指着地做俯卧撑,呼吸法同上。依此循序渐进,持之以恒,再以双手中、食四指侧立练习。如图2-1-1、图2-1-2所示。

　　　图2-1-1

　　　图2-1-2

2) 手指抓重物。用五个手指抓重物,如哑铃片、实心球、铅球之类重物。具体方法可参照图2-1-3~图2-1-5,方法是用手指抓起来,然后放下来,以10个为一组,共4~5组,两手交换练习,具体练习中根据练习的重量来决定次数和组数。

图2-1-3

图2-1-4

图2-1-5

另外,常见的还有指拨健身球、指力器练习等等。

2. 腕力练习

1)手持重物屈腕。用一重物,快速屈伸手腕至最大角度 10~15 次,间歇时间为 60 秒,重复 6~8 组,完成后马上做手腕的鞭打动作,使手腕的力量和灵活性都得到加强。如图 2-1-6、图 2-1-7 所示。

图 2-1-6　　　　图 2-1-7

2)掷重物练习。手持 3~5 千克重物进行后抛练习、前抛练习、左右抛接练习。自己可制作一个沙包,经济且方便。前后抛接练习,两人对接抛练习,提高时间效益,同时,增加趣味,营造良好的练习气氛。如图 2-1-8~图 2-1-10 所示。

3)手持重物 8 字绕腕练习。手持哑铃片或其他重物,在体前或体侧做 8 字绕环练习。具体见图 2-1-11~图 2-1-14 所示,主要是固定肘关节,以手腕为轴,进行绕环练习。两手分别进行交换练习。

图 2-1-8　　　　图 2-1-9　　　　图 2-1-10

图 2-1-11　　　　图 2-1-12　　　　图 2-1-13　　　　图 2-1-14

4）手持重物转臂练习。手持哑铃片于体侧做旋内、旋外练习。手持哑铃在体侧做旋内、旋外练习。具体参照图 2-1-15、图 2-1-16。

图 2-1-15　　　　图 2-1-16

5）拧卷重物。这种办法对腕力有很大的帮助，而且可以增强手的持握耐力，但锻炼起来相当费力。必须持之以恒而且每次锻炼完以后，需要彻底对前臂进行放松练习。为提高强度，可以将绳子所系的重物加重。所吊重物为 5 千克时，绳长 1.2 米。如图 2-1-17、图 2-1-18 所示。

图 2-1-17　　　　图 2-1-18

3. 臂力练习

1)俯卧撑。锻炼到的肌肉包括胸肌、三角肌、斜方肌、三头肌。非常规俯卧撑可以双脚垫高做,也可负重做,加大难度。如图2-1-19、图2-1-20所示。

　　图2-1-19　　　　　　图2-1-20

2)引体向上。以单杠为例,两手抓住横杠,先自然悬垂。然后两臂用力上拉,最好让下巴超过横杆。根据练习目的,可改变不同的练习方法,如想发展速度力量,可快速练习。想练习力量耐力,可以在上面停顿一会,也可以靠动力性练习,增加练习的次数,耐力自然增加。如图2-1-21、图2-1-22所示。

　　图2-1-21　　　　　　图2-1-22

3)举重物。两脚平行站立,挺举时如图2-1-23~图2-1-25,既可前后站立,又可平行站立。举的重量完全根据自己发展力量的目的来定,具体可参照前面练习理论来制定自己的目标重量、组数、次数等。

　图2-1-23　　　　图2-1-24　　　　图2-1-25

4）支撑臂屈伸。两手臂撑双杠，用力撑起如图2-1-26、图2-1-27，可以锻炼肩膀三头肌等。

图2-1-26　　　　　图2-1-27

5）正反握杠铃弯举。握法：正手握和反手握法。脚下不动，不要借助于腰部力量，反复交替上举和放下练习，以锻炼臂二头肌和三头肌为主。如图2-1-28～图2-1-31所示。

图2-1-28　　　　图2-1-29　　　　图2-1-30　　　　图2-1-31

6）颈后两臂屈伸。可站立，可坐姿。坐姿练习效果最好，更能有效地锻炼三头肌，便于人在练习时，很少或不用腿部力量的参与，完全依靠手臂力量。如图2-1-32～图2-1-33所示。

图2-1-32　　　　图2-1-33　　　　图2-1-34　　　　图2-1-35

7)推举:窄握前推举。这种方法一般以发展快速力量和力量耐力为主,重量不能太大(如图2-1-36、图2-1-37)。另外,还可借助于屈力棒、拉力器、综合练习器械增加上臂力量。

图2-1-36

图2-1-37

二、躯干力量素质练习

1. 转体仰卧起坐

【作用】发展腹直肌。

【要领】常规仰卧起坐的延伸,运动幅度大。平卧屈腿在体操垫(或腹肌板)上,双手放在脑后,坐起来的时候用右肘关节碰左膝盖,第二次用左肘关节碰右膝盖,如此反复,能有效地锻炼两侧腰肌力量。如图2-1-38~图2-1-40所示。

图2-1-38

图2-1-39

图2-1-40

【注意事项】此练习也可以在斜板上进行,但无论哪种方法,都要弯腰起坐。

2. 仰卧两头起

【作用】练习腹肌。

【要领】仰卧在地上,双臂平放在身体两侧,双腿完全伸直或保持膝部略微弯曲。保证在开始的时候,头部和双脚就已经离开地面。用力收缩腹部和髋部肌肉,以爆发力来启动动作。具体是将双腿和躯干同时上抬,直至与地面呈45°~60°角时,就是在动作接近最高点,将双臂迎击双脚面。练习时,一般设置一分钟多少次,自己数次数,保证单位时间内次数。如图2-1-41~图2-1-43所示。

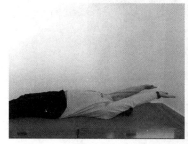  

图2-1-41　　　　　　　图2-1-42　　　　　　　图2-1-43

【注意事项】举腿同时身体起坐,不可做成"仰卧起坐"。

3. 仰卧举腿

【作用】练习中、上腹肌。

【要领】身体平卧腹肌板或平板上,双手置于身体两侧或抓紧腹肌板,两腿伸直、脚尖绷直,做不提臀举腿运动。如图2-1-44、图2-1-45所示。

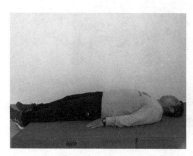 

图2-1-44　　　　　　　图2-1-45

【注意事项】此练习向上举腿时,臀部尽量不着地,还原时脚尖绷紧。

4. 负重左右绕环

【作用】对腰侧的减脂有明显的效果。

【要领】两腿稍屈,手持哑铃掌心朝外置于体侧,用腰侧肌的收缩力量,向上、向另一侧扭转腰部,手持杠铃片顺势经头上方向另一侧下放手持杠铃片,如此循环进行。如图2-1-46~图2-1-48所示。

图 2-1-46　　　　图 2-1-47　　　　图 2-1-48

【注意事项】在扭转腰时,两脚始终不动。

5. 负重转体

【作用】发展腰、背肌群和腹外斜肌。

【要领】两脚开立,两手持杠铃置于颈后,上体向一侧转体 90°,头部保持正前方位置不动,稍停后复位,再向另一侧转体。如图 2-1-49、图 2-1-50 所示。

图 2-1-49　　　　图 2-1-50

【注意事项】在扭时上体保持挺胸直腰,两脚始终不动。

6. 硬拉(硬举)

【作用】锻炼腰、背肌群的厚度。

【要领】两手比肩稍宽正握(即掌心向内)杠铃,屈膝下蹲,挺胸紧腰,肩比臀高下握横杠,借伸膝、伸髋的力量使横杠提起,直至身体站直,整个过程身体保持挺胸紧腰姿势。双手不得用力,只是起到悬垂握杠作用。如图 2-1-51、图 2-1-52 所示。

图 2－1－51　　　　图 2－1－52

【注意事项】此动作可以把人垫高做动作,增加刺激强度。

7. 耸肩运动

【作用】锻炼斜方肌的肌肉力量。

【要领】两脚自然开立,挺胸直腰,双手握距比肩稍宽握杠,两臂伸直不动,以斜方肌的收缩力量,向上、向后耸起两肩,稍停,两肩向前或向后做回旋运动。如图 2－1－53、图 2－1－54 所示。

 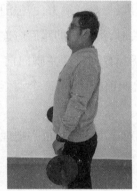

图 2－1－53　　　　图 2－1－54

【注意事项】两臂不得上提重物,上体勿前后摆动,耸肩时不得弯腰、弓背。也可以做耸肩静力练习。

8. 站立上拉

【作用】锻炼斜方肌、三角肌及前锯肌。

【要领】两手间握距 10～15 厘米正握杠铃,两臂伸直置于体前,以斜方肌的收缩力量,沿体前贴身向上提起,直至横杠靠近下颌,双肘高于双手位置,然后缓慢下放杠铃。如图

2-1-55、图2-1-56所示。

图2-1-55　　　　图2-1-56

【注意事项】做动作时身体切勿前后摆动。始终保持挺胸直腰姿势。也可以用哑铃等物做动作,一般用于练习臂部肌肉后的一种综合练习,能提高体能状态。

三、下肢力量素质练习

1.三级跳练习

【作用】提高助跑速度,提高弹跳力,增强腿部力量。

【要领】单脚跳:起跳时,运动员助跑后应连续作3次不同形式的跳跃,用起跳腿落地,这个动作的关键是左脚起跳,右脚带动左脚向前飞跃;跨步跳:第二跳为跨步跳,用摆动腿落地,第二个动作的要领是向前拉,为第三个动作做准备;跳跃:第三跳为跳跃,这个动作要领是必须用双脚落入沙坑。

【注意事项】三级跳对速度、节奏、重心把握等方面要求都非常高,建议多练习,平时多看视频,加强膝盖的力量。

2.负重蹲起

1)后深蹲。

【作用】练习股四头肌的作用。

【要领】原地立正,双脚张开与肩同宽;可以把杠铃放在脖子后面,紧贴肩部,双手握住横杆,握距比肩稍宽。握杆采用上手握法;保持背部挺直,头部向上;在保持背部挺直、头部向上的情况下,慢慢弯曲膝盖下蹲,直到大腿与地面平行;猛然用力站起,恢复初始姿势;重复上述动作。如图2-1-57、图2-1-58所示。

图 2-1-57　　　图 2-1-58

【注意事项】背着重物,深蹲下去,然后起来,如此反复。负重时,如果重量太大时,一定要有人保护。不过,一般烹饪专业者不需要太大的重量去练习,相对于个人来说,因为大强度是发展最大力量的。练习时,两脚注意内扣,不能外展,否则,不能有效地发展腿部力量。

2)前深蹲。

【作用】锻炼股四头肌及增大胸廓。

【要领】两脚站开比肩稍宽成"八"字形,两手正握比肩稍宽握扛,使杠铃置于手、三角肌及锁骨上,两肘向前高抬,挺胸直腰,身体支撑杠铃重量下蹲直至全蹲姿势,还原复位。如图2-1-59、图2-1-60所示。

图 2-1-59　　　图 2-1-60

【注意事项】负重至全蹲时臀部应前挺置于两腿之间,不要后"跷"或后"坐",始终要保持挺胸直腰姿势,起立时要以股四头肌收缩力量向上蹲起,头部有意向后上方顶,不能过早抬臂,下慢上快。

3)侧箭步蹲。

【作用】锻炼股四头肌及腓肠肌。

【要领】两腿开立宽于肩,颈后负重,一腿屈膝下腿,另一腿伸直成侧箭步,做下蹲腿的屈伸动作，然后两腿交替进行。如图2-1-61、图2-1-62所示。

图2-1-61　　　　　　图2-1-62

【注意事项】练习时要用轻重量，下蹲腿可提踵，身体保持挺胸直腰。

4）半蹲。

【作用】锻炼股后肌群及股四头肌的外、内侧肌。

【要领】基本上同后深蹲，屈膝下蹲至大腿近水平时，随即伸腿起立，在伸膝运动中，当膝关节伸至135°角之后，膝关节的屈肌也参与伸膝活动，不同的膝关节角度，股四头肌的四个头所起的作用也不同的，35°～90°时主要练习股直肌，90°～165°时练习股外侧肌，165°～180°时练习股内侧肌。如图2-1-63、图2-1-64所示。

图2-1-63　　　　　　图2-1-64

【注意事项】身体要直上直下，挺胸直腰，紧腰，两脚站距与肩同宽或稍窄，半蹲时两膝关节要向两侧分腿。也可做静力半蹲或全蹲。

3. 负重蹲跳

【作用】提高弹跳力一种最有效方法。

【要领】颈后肩上负重或穿沙衣,捆上沙护腿,两手持铃哑铃、壶铃,做半蹲或全蹲跳动作。如图 2－1－65、图 2－1－66 所示。

图 2－1－65　　　　　图 2－1－66

【注意事项】此练习也可以跳、立定跳高、跳山羊、跳深、立定跳远、单足跳、箭步蹲跳或交替腿跳台阶,但无论哪一种练习都要挺胸直腰,保持腰部紧张,对半蹲或下蹲的蹲跳动作还要求蹲时两膝要向两侧。全蹲跳时下蹲两脚站距要比肩宽。半蹲跳时,半蹲两脚站距要比肩窄。两膝要向两侧外分,不要向前,以免损伤膝部。

4. 跨举

【作用】锻炼股直肌及髂腰肌。

【要领】身体正直,两腿成前后箭步,后脚前半脚掌着地,两手握杠置于两腿之间胯下,做两腿屈伸动作。如图 2－1－67、图 2－1－68 所示。

图 2－1－67　　　　　图 2－1－68

【注意事项】身体始终保持收腹挺胸,正直,两手只握杠不能屈伸或弯曲。

5. 体后持铃蹲

【作用】锻炼股四头肌。

【要领】杠铃置于体后,两手比肩稍宽,正握即掌心向后握杠铃,屈膝下蹲,挺胸紧腰,肩比臀高,下握横杠,借伸膝、伸髋的力量使横杠提起,直至身体站直,整个过程身体保持挺胸紧腰姿势。双手不得屈,只是起到悬垂握杠作用。如图 2-1-69、图 2-1-70 所示。

图 2-1-69　　　　　图 2-1-70

【注意事项】此练习要注意控制好身体重心。

6. 下肢静力性力量

(1)可采用靠墙蹲和不靠墙蹲两种姿势,时间可以根据自己的身体素质来定。

(2)经常练习"金鸡独立""燕式平衡"等动作,提高腿部的静力性力量。

四、总结

以上只是举了一些力量练习的示例,其实,具体方法有无数种,不能一一列举。原则上以简便、安全、经济、实用为主。很多时候运用同一种手段,改变不同的强度、组数、次数、动作的姿势等就能达到自己的目的,力量练习对于力量的成长并不是单一的,当然力量耐力自然也会得到加强。其中,具体的如强度到底应该是多大,组数、次数是多少,要根据练习目的,参照上面的练习方法来制定。力量练习应循序渐进地进行,应采用各种手段全面练习运动肌群,促使各肌肉群均衡发展,即肌肉的建设性练习,重视发展力量的注意点,遵循发展力量的原则,持之以恒,一定会收到预期的实践效果。

任务二 综合性体能素质基础训练

一、田径运动

1. 耐力跑

1）12分钟跑。

【目的】提高心血管系统、呼吸系统能力，培养意志品质，增强有氧耐力。

【练习方法】头和上体正直，步幅稍大，轻快放松有节奏，二三步一呼，二三步一吸，鼻和口同时呼吸，口成半张口。

2）变速跑。

【目的】提高心血管系统、呼吸系统能力，锻炼有氧耐力和无氧耐力。

【练习方法】100米快跑 + 100米慢跑 × 2，也可其他距离，如50米快跑 + 50米慢跑等。

2. 接力跑

1）常规接力跑。

【目的】提高磷酸原系统水平，发展奔跑能力。

【练习方法（下压式传接棒）】接棒人将接棒手臂向后伸直，四指并拢掌心向上，虎口张开，传棒人将传棒的前端由上而下地压入接棒人的手中。口诀：一张（虎口）、二夹（夹紧手臂与躯干）、三伸（尽量向后伸直手臂）。

2）迎面接力跑。

【目的】锻炼加速跑能力，培养团队协作精神。

【练习方法】接棒人站在起跑线后，右手前伸准备接棒，传棒人以右手将棒竖起，传给接棒人，接棒人握棒后，迅速跑向对面，遵守纪律，注意安全。如图2-2-1所示。

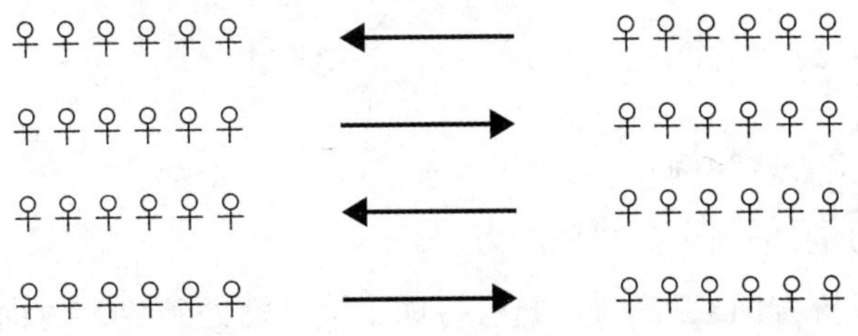

图2-2-1

3. 跳远练习

1）袋鼠跳。

【目的】激发练习兴趣,提高跳跃能力。

【练习方法】将游戏者分成人数相等的两队,两队间相隔一定距离以纵队站在起点线后。游戏开始,每队第一人听组织者信号,迅速跳进麻袋,双手提着麻袋口,用双脚跳跃前进,过折返线后钻出麻袋,提着麻袋跑回,交给本组第二人。第二人同第一人方法进行,依次类推,到最后一人跑回起点线结束,以先完成的队为胜。

2）跳房子（例如跳六格房）。

【目的】增强肢体肌肉关节机能,培养机智、果断的意志品质。

【练习方法】以3~5人游戏为宜,首先排定游戏顺序,游戏开始,先由第一人将布沙袋抛进第一格,用单脚跳跳进第一格,接着用单脚将布沙袋踢进第二格,然后用双脚跳进第二格,再将布沙袋双脚夹进第三格,接着用单脚跳进第三格,这样单脚、双脚交替踢布沙袋,直到布沙袋踢出第六格,双脚跳出第六格,算一次成功,可得10分,然后再从第一格重新做起。若在某格失误,可在下一轮时,从失误格做起。几轮以后,以得分最多者为第一名,以此类推。

3）单足跳"贴烧饼"。

【目的】增强力量耐力。

【练习方法】游戏贴烧饼的基本做法,就是让游戏者均匀站成一个圆圈,每圈人数不宜太多,一般在12~14人左右,相互间距两米左右。出来两名游戏者,一个逃跑一个追捕。逃跑者在未贴上任何圈上游戏者之前,被追捕者触及身体的任何部位则算被逮住,同时也就完成了追捕和逃跑的角色转换,游戏者统一单腿跳,其期间不许落地。

4）跳远接力赛。

【目的】增强爆发力及提升力量耐力。

【练习方法】游戏者分成人数相等的四组,在场地上画两条相距10米的并行线,一条作为起跑线,一条作为终点线,游戏者成纵队站立在起跑线后。组织者口令一响,每排排头游戏者迅速以跳远的标准动作,接着跳回来,用手击拍第二位游戏者,依此类推,先完成者为胜。

4. 投掷运动

1）正面推重物（以实心球为例）。

【目的】锻炼上肢力量,增强全身协调能力。

【练习方法】正对投掷方向双脚平行站立,持球于锁骨窝处,向45°方向推掷实心球。

2）侧向推重物（以实心球为例）。

【目的】锻炼上肢力量,全身协调能力。

【练习方法】动作要领:身体与投掷方向成45°角站立,两腿屈膝开立,与肩同宽,上体向右倾斜,两腿用力蹬伸,向前上转体推球。

二、球类运动

1. 篮球

1)行进间传接球。

【目的】锻炼上下肢的协调配合性及增强心肺功能。

【练习方法】传球时,手臂与脚步配合要协调,传球时手臂动作要迅速,特别是手腕的动作更要快速,长传球时要有速度。

2)一分钟跳投(以右手投篮为例)。

【目的】激发兴趣,发展力量素质及心肺功能。

【练习方法】两脚自然半蹲开立姿势,重心在两脚之间。接着两脚用力蹬地起跳,两手迅速举球于右肩上,腰、腹用力,保持身体平衡,当身体接近最高点处,迅速向上伸臂,用右手手腕和手指的力量将球投出,接球后连续进行跳投。

3)篮球组合练习。

【目的】通过素质组合练习,培养练习者力量、跳跃、协调性、速度等素质以及吃苦耐劳、团结互爱等意志品质。

【练习方法】

练习组合一:行进间急停急起运球练习+急停跳投练习(16分钟)。运球速度由快变慢,跨步急停缓前冲,急起运球慢变快,重心前移后腿蹬。投篮时双脚用力蹬地跳起,眼睛瞄准篮筐,抬肘伸臂,翻拨指球出手;注意前臂与手腕要控制好出手力量。

练习组合二:行进间急停急起运球练习(8分钟)运球速度由快变慢,跨步急停缓前冲,急起运球慢变快,重心前移后腿蹬;手、脚、身体重心协调一致。

4)比赛。

【目的】发展学生综合身体素质,培养练习者组织能力、社会适应能力、公平竞争意识,发挥学生对抗能力。

【练习方法】每组3人或4人不等,参照篮球比赛规则进行。

2. 足球

【目的】锻炼练习者身体素质,提高神经系统控制能力。

【练习方法】练习时间:自由运球练习、脚踩球练习、脚内侧交替碰球、5米折返运球练习,每项各 5 分钟,共 20 分钟。

练习脚内侧直线运球,步幅小,脚跟抬起,髋关节展开,踝关节紧张,踢球的中下部。

学习者脚内侧运球过杆,运球过 3 个杆练习。

运球过杆折返接力比赛,要求练习人员多的情况下进行。

比赛,将练习者分成水平基本相近的小组,进行半场比赛,参照足球规则。

三、体育游戏

1."龟跑赛"

【目的】锻炼游戏者的上肢力量、快速反应能力和控制身体平衡的能力;培养团结协作,互相信任的品质。

【游戏方法】在操场上画两组长的两条平行线如图 2-2-2 所示,把游戏者分成人数相等的四个队。游戏者分别站在平行线的两侧。每队第一人头顶一顶小黄帽趴在起点线后。组织者发令后,各队第一人以最快的速度,模仿乌龟奔跑的姿势,爬过对面,将小黄帽传给迎面第一人,然后站在本组最后。迎面第一人头顶小黄帽,又以最快的速度爬过去。依次类推,最后以速度最快的队为胜。如图 2-2-2。

【游戏规则】上肢必须着地爬;小黄帽必须传给本方人手中,不能扔给本方人。

【游戏建议】游戏地点建议选在相对干净的地面上。

2."叫号赛跑"及自由抛接毽球

【目的】锻炼全身协调用力能力。

【游戏方法】按照 1、2、3、4 报数后记住自己的号码,组织者叫号,听到被叫号码的游戏者,按照逆时针方向绕圆圈赛跑,跑回原位置后进入圆圈与组织者击掌,击掌后拿一个毽球到圆圈外玩抛接毽球(抛起毽球后拍手数次再接毽球、抛起毽球转圈后接毽球、两人相对抛接毽球等。如图 2-2-3 所示。

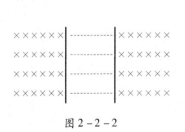

图 2-2-2

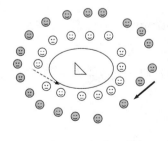

图 2-2-3

3."火车赛跑"

【目的】锻炼腿部力量、提高动作的协调性。

【游戏方法】各队成一路纵队站立,每个队员把自己的右(左)脚伸给后面的人,后面的人用右(左)手兜住前面队员的脚,左手搭在前面队员的肩上,组成"火车",集体跳完规定的距离。

4."双龙戏珠"

【目的】锻炼学生腿部力量,提高学生协调性以及快速反应能力和培养学生团结合作精神。

【游戏方法】将学生分成几组,每组有甲、乙、丙3名队员。甲、乙队员面对面两手拿好条幅于腰部。球放在条幅之间,丙队员站在球的对面。游戏开始后,甲队员全蹲,乙队员站立,形成一蹲一起有节奏起伏,球在条幅上做来回滚动。丙队员随着球的滚动做来回快速变向跑。游戏做数次后3名队员轮换依次进行。

项目3 体能主导类业群岗位补偿性体育与健康

任务一 体能主导类业群运动"饥饿"补偿训练

一、专业化创新练习——烹饪健美操

1. 创编简介

烹饪健美操的动作,共分为十个小节,每个小节的动作都来源于烹饪动作的原形,里面有系裙、磨刀、削菜、剥葱、切菜、顺逆翻锅、出菜、面点、洗锅、解裙和整衣等动作。被吸纳的动作是经过简化分解、重组、夸张,使其符合大众健美操的特点,同时又不失烹饪专业自身的特点。对于整套动作来说,又是按照烹饪程序的顺序来编写的,如系裙、磨刀作为第一、二小节动作,这两小节都是烹饪工作的准备工作;而解裙、整衣却是烹饪工作结束后要做的事情。以烹饪工作者日常熟知的动作,每日必做的动作,不需要刻意去记,动作直观形象,烹饪健美操特点突出。

2. 周身活动、具有全面性

烹饪健美操的练习部位包括:手臂、躯干、步法、腿法及综合练习。即使是一节简单的引导动作,也需要动用躯体的多部位联合参与。例如:准备活动中的系裙动作,通过原地踏步,两手前举后向下,经后做系带动作,要求上下肢协调用力。再譬如,剥葱动作中,不仅有上肢的绕环运动,大幅度地活动肩关节,而且有不断下蹲锻炼腿部肌肉力量的动作,同时,还不断地活动脊椎关节,提高腰间肌肉力量,能有效地预防脊椎病、腰间病、关节炎等疾病的发生,因此,练习烹饪健美操对人体的锻炼具有实效性、全面性。

3. 中等负荷、具有科学性

烹饪健美操伴有轻松自然的《森林狂想曲》,音乐中有青蛙、蟋蟀等多种自然动物的声音,为烹饪工作者在紧张的工作之余,营造片刻回归自然的情境,能减轻工作生活的压力。运动负荷中等,整体运动时间大约两分零十秒钟。在烹饪课前进行练习,可以刺激人体机体器官的兴奋性,适应于烹饪前的机体操作准备;在课中休息期间,如果进行练习,可以缓解练习者紧张的学习压力,加强习练者注意力的集中能力,提高习练者的学习效率;在课后练习,可以消除习练者学习的疲劳,使得人体机能尽量保持在较高的水平上,更多地投身于下一个时间段的学习中去。烹饪健美操站在运动负荷角度上,具有科学性。

4. 烹饪健美操图解

1)第一个组合:系围裙。

共2个8拍,第一个八拍如图3-1-1~图3-1-6所示。

1~2拍,两脚原地踏步(左脚先开始),同时1拍两臂胸前屈(握拳,拳心向外,图3-1-1),2拍还原至体前(握拳,拳心向内,图3-1-2)。

3~4拍,腿部动作同上,同时两臂侧下举(握拳,拳心向后,图3-1-3)。

5~6拍,腿部动作同上,同时两臂腰后屈(握拳,拳心向外,图3-1-4)。

7,腿部动作同上,同时两臂侧下举(握拳,拳心向后,图3-1-5)。

8,腿部动作同上,同时两臂还原至体侧(握拳,掌心向内,图3-1-6)。

第二个八拍同第一个八拍。

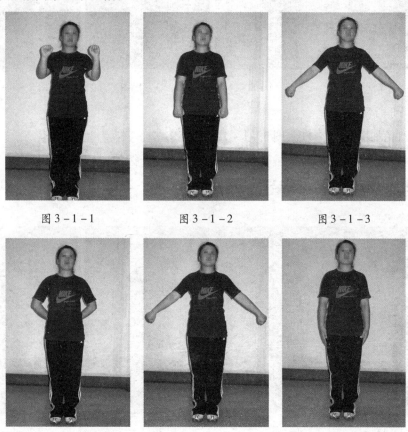

图3-1-1　　　　图3-1-2　　　　图3-1-3

图3-1-4　　　　图3-1-5　　　　图3-1-6

2)第二个组合:磨刀。

共4个8拍,第一个八拍如图3-1-7~图3-1-10所示。

1拍,左脚向前一步,同时两臂前平举(握拳,拳心向下,图3-1-7)。

2拍,右脚并至左脚,同时两臂收至两髋(握拳,拳心向上,图3-1-8)。

3~4拍,同1-2。

5拍,右脚向后一步,同时两臂前平举(握拳,拳心向下,图3-1-9)。

6拍,左脚并至右脚,同时两臂收至两髋(握拳,拳心向上,图3-1-10)。

7~8拍,同5-6拍。

图3-1-7　　　　　图3-1-8　　　　　图3-1-9　　　　　图3-1-10

第二个八拍如图3-1-11~图3-1-14所示。

1~4拍,左侧侧并步,同时1拍两臂经下向左侧推出(握拳,拳心向下,图3-1-11),2拍,两臂直臂收至体前(图3-1-12),3-4手臂动作同1-2(图3-1-13,图3-1-14)。

图3-1-11　　　　图3-1-12　　　　图3-1-13　　　　图3-1-14

5-8,同1-4,动作相同,方向相反(图3-1-15～图3-1-18)。

图3-1-15　　　　　图3-1-16　　　　　图3-1-17　　　　　图3-1-18

第三～四个八拍同第一～二个八拍,动作相同,方向相反。

3)第三个组合:剥葱。

共4个8拍,第一个八拍如图3-1-19～图3-1-22所示。

1拍,左脚向左侧一步,同时左臂侧上举(五指并拢,掌心向内),右臂经侧上举向内绕至左髋前(握拳,拳心向内),如图3-1-19所示。

2拍,右脚并至左脚,同时左臂侧上举(五指并拢,掌心向内),右臂向外绕至侧上举(握拳,拳心向内),如图3-1-20所示。

3拍,右脚向右侧一步,同时右臂侧上举(五指并拢,掌心向内),左臂经侧上举向内绕至右髋前(握拳,拳心向内),如图3-1-21所示。

4拍,左脚并至右脚,同时右臂侧上举(五指并拢,掌心向内),左臂向外绕至侧上举(握拳,拳心向内),如图3-1-22所示。

图3-1-19　　　　　图3-1-20　　　　　图3-1-21　　　　　图3-1-22

5～8拍同1～4拍,动作相同。

第二个八拍如图3-1-23～图3-1-26所示。

1拍,左脚向左侧一步,同时两臂胸前平屈(握拳,拳心向下,图3-1-23)。

2拍,右脚并至左脚,同时两臂体前下举(握拳,拳心向下,图3-1-24)。

3拍,左脚向左侧一步,同时两臂侧平举(握拳,拳心向下,图3-1-25)。

4拍,右脚并至左脚,同时两臂还原贴于体侧(握拳,拳心向内,图3-1-26)。

图3-1-23　　　　图3-1-24　　　　图3-1-25　　　　图3-1-26

5~8拍,同1~4拍,动作相同,方向相反。

第三~四个八拍同第一~二个八拍,动作相同。

4)第四个组合:削菜。

共4个8拍,第一个八拍如图3-1-27所示。

图3-1-27

1~4拍,左脚向侧迈出成弓步,同时左转45°,左脚弹动4次,同时左臂自然垂于体侧,右臂小臂从右向左屈伸4次(五指并拢,掌心向内)。

5~8拍,同1~4,动作相同,方向相反,如图3-1-28所示。

第二个八拍如图3-1-29~图3-1-32所示。

1拍,左脚向左侧一步,同时左臂经体前向内绕至上举(五指并拢,掌心向内),右臂自然垂于体侧,如图3-1-29所示。

图 3－1－28

图 3－1－29　　　图 3－1－30　　　图 3－1－31　　　图 3－1－32

2 拍,右脚交叉于左脚后,同时左臂经侧还原贴于体侧,右臂向外绕至上举(五指并拢,掌心向内),如图 3－1－30 所示。

3 拍,左脚向左侧一步,同时左臂左前下举(五指并拢,掌心向上),右手放于左肩上(五指并拢,掌心向下),如图 3－1－31 所示。

4 拍,左腿成左前弓步,右脚脚尖点地(身体面向 8 点),同时左臂向后收回至腰际(五指并拢,掌心向上),右臂小臂打开成左侧前下举(五指并拢,掌心向下),如图 3－1－32 所示。

5～8 拍,同 1－4,动作相同,方向相反,如图 3－1－33～图 3－1－36 所示。

图 3－1－33　　　图 3－1－34　　　图 3－1－35　　　图 3－1－36

第三个八拍,如图3-1-37所示。

图3-1-37

1~4拍,左腿吸腿跳,同时1拍左臂自然垂于体侧,右臂胸前平屈(五指并拢,掌心向下),2拍,右臂打开至侧平举(五指并拢,掌心向下),3~4拍手臂动作同1~2拍。

5~8拍,同1~4拍,动作相同,换右腿做。

第四个八拍如图3-1-38所示。

图3-1-38

1~4拍,左腿吸腿跳,同时1拍左臂自然垂于体侧,右臂胸前平屈(五指并拢,掌心向下),2拍,右臂打开至侧下举(五指并拢,掌心向下),3~4拍手臂动作同1-2。

5~8拍,同1~4拍,动作相同,换右腿做。

5)第五个组合:和面。

共4个8拍,第一个八拍如图3-1-39、图3-1-40所示。

1,双脚蹬跳成左腿直立,右腿屈膝(重心在左腿上),同时左臂体前下举,右臂胸前下屈(握拳,拳心向内),如图3-1-39所示。

2,双脚蹬跳成右腿直立,左腿屈膝(重心在右腿上),同时右臂体前下举,左臂胸前下屈(握拳,拳心向内),如图3-1-40所示。

3~4拍同1~2拍,动作相同。

5~8拍同1~4拍,动作相同。

第二个八拍同第一个八拍,动作相同。

第三个八拍如图3-1-41、图3-1-42所示。

1拍,右腿后踢腿跳,同时左臂前举(握拳,拳心向下),右臂胸前平屈(握拳,拳心向下),如图3-1-41所示。

2拍,左腿后踢腿跳,同时左臂胸前平屈(握拳,拳心向下),右臂前举(握拳,拳心向下),如图3-1-42所示。

图3-1-39　　　　图3-1-40　　　　图3-1-41　　　　图3-1-42

3~4拍同1~2拍,动作相同。

5~8拍同1~4拍,动作相同。

第四个八拍同第三个八拍,动作相同。

6)第六个组合:翻锅。

共4个8拍,第一个八拍如图3-1-43~图3-1-46所示。

图3-1-43　　　　图3-1-44　　　　图3-1-45　　　　图3-1-46

1拍,双脚跳起落至开立半蹲,同时两臂经胸前平屈摆至体前下举(握拳,拳心向下,图3-1-43)。

2拍,双脚蹬跳还原成并立,同时两臂经前举摆至胸前屈(握拳,拳心相对,图3-1-44)。

3拍,双脚跳起落至开立半蹲,同时两臂经前举摆至体前下举(握拳,拳心向下,图3-1-45)。

4拍,双脚蹬跳还原成并立,同时两臂向后摆至腰际(握拳,拳心相对,图3-1-46)。

5~8拍,同1~4拍,动作相同。

第二个八拍如图3-1-47~图3-1-54所示。

1拍,左脚向左前迈出一步成弓步,同时向左转体45°,两臂由后向前摆动(握拳,拳心相对,图3-1-47)。

2拍,右脚并至左脚成直立,同时向右转体45°,两臂向前摆至胸前屈(握拳,拳心相对,图3-1-48)。

3拍,右脚向右前迈出一步成弓步,同时向右转体45°,两臂向后摆动(握拳,拳心相对,图3-1-49)。

4拍,左脚并至右脚成直立,同时向左转体45°,两臂摆至腰际(握拳,拳心相对,图3-1-50)。

5拍,左脚向左后迈出一步成弓步,同时向左转体45°,两臂打开至肩上侧屈(握拳,拳心向前,图3-1-51)。

6拍,右脚并至左脚成直立,同时向右转体45°,两手于胸前击掌1次(五指并拢,掌心相对,图3-1-52)。

7拍,右脚向右后迈出一步成弓步,同时向右转体45°,两臂打开至肩上侧屈(握拳,拳心向前,图3-1-53)。

8拍,左脚并至右脚成直立,同时向左转体45°,同时两手于胸前击掌1次(五指并拢,掌心相对,图3-1-54)。

第三~四个八拍同第一~二个八拍,动作相同。

图3-1-47　　　　　图3-1-48　　　　　图3-1-49　　　　　图3-1-50

图 3-1-51　　　　　图 3-1-52　　　　　图 3-1-53　　　　　图 3-1-54

7）第七个组合：出菜。

共 4 个 8 拍，第一个八拍如图 3-1-55、图 3-1-56 所示。

1 拍，双脚跳起落至左脚着地，右腿屈膝后踢，同时两臂前举（握拳，拳心向下，图 3-1-55）。

2 拍，右脚着地，左腿屈膝后踢，同时两臂直臂向后摆动至腰际（握拳，拳心向上，图 3-1-56）。

3～4 拍，同 1～2 拍，动作相同。

5～8 拍，同 1～4 拍，动作相同。

图 3-1-55　　　　　图 3-1-56

第二个八拍如图 3-1-57～图 3-1-60 所示。

1 拍，双脚跳起落至左脚着地，右腿屈膝后踢，同时两臂胸前平屈绕环 1 次（握拳，拳心向后，图 3-1-57）。

2 拍，右脚着地，左腿屈膝后踢，同时两臂胸前平屈绕环 1 次（握拳，拳心向后，图 3-1-58）。

3 拍，左脚着地，右腿屈膝后踢，同时两臂于胸前击掌 1 次（五指并拢，掌心相对，图 3-1-59）。

33

4拍,右脚着地,左腿屈膝后踢,同时两臂于胸前击掌1次(五指并拢,掌心相对,图3－1－60)。

5~8拍,同1~4拍,动作相同。

第三~四个八拍同第一~二个八拍,动作相同。

图3－1－57　　　　　图3－1－58　　　　　图3－1－59　　　　　图3－1－60

8)第八个组合:整理。

共4个8拍,第一个八拍如图3－1－61~图3－1－64所示。

1拍,双脚跳起落至左腿屈膝,右腿侧伸(勾脚尖),同时左臂由内向外画圆,圆平行于地面(握拳,拳心向内),右臂紧贴于体侧(五指并拢,掌心向内),如图3－1－61所示。

2拍,双脚跳回成直立,两臂还原于体侧,如图3－1－62所示。

3拍,双脚跳起落至右腿屈膝,左腿侧伸(勾脚尖),同时右臂由内向外画圆,圆平行于地面(握拳,拳心向内),左臂紧贴于体侧(五指并拢,掌心向内),如图3－1－63所示。

4拍,双脚跳回成直立,两臂还原于体侧,如图3－1－64所示。

5~8拍,同1~4拍,动作相同。

第二个八拍同第一个八拍,动作相同。

图3－1－61　　　　　图3－1－62　　　　　图3－1－63　　　　　图3－1－64

第三个八拍如图3-1-65~图3-1-68所示。

1拍,双脚蹬跳成左前弓步,同时左臂侧前下举,右臂前下举(握拳,拳心相对,图3-1-65)。

2拍,双脚跳回成直立,两臂还原于体侧(图3-1-66)。

3拍,双脚蹬跳成右前弓步,同时左臂前下举,右臂侧前下举(握拳,拳心相对,图3-1-67)。

4拍,双脚跳回成直立,两臂还原于体侧(图3-1-68)。

5~8拍,同1~4拍,动作相同。

第四个八拍同第三个八拍,动作相同。

图3-1-65

图3-1-66

图3-1-67

图3-1-68

第五个八拍如图3-1-69~图3-1-76所示。

1拍,左脚侧出一步,同时左臂侧平举(立掌,掌心向外),右臂向左、上弧形绕(图3-1-69)。

2拍,右脚向左脚后交叉一步,同时左臂动作不变,右臂继续向右弧形绕(图3-1-70)。

3拍,左脚向左一步,同时左臂动作不变,右臂继续向下弧形绕(图3-1-71)。

4拍,右脚并于左脚,同时两手合抱于左肩前(图3-1-72)。

图3-1-69　　　图3-1-70　　　图3-1-71　　　图3-1-72

5拍,右脚向右迈出成半蹲,同时身体重心在中间,两臂摆至体前下举(图3-1-73)。

6拍,两腿伸直,左脚尖点地,同时身体重心右移,两臂摆至右肩前(图3-1-74)。

7拍,两腿半蹲,同时身体重心移至中间,两臂摆至体前下举(图3-1-75)。

8拍,两腿伸直,同时身体重心左移,两臂摆至左肩前(图3-1-76)。

图3-1-73　　　　图3-1-74　　　　图3-1-75　　　　图3-1-76

第六个八拍同第五个八拍,动作相同。

第七个八拍如图3-1-77~图3-1-80所示。

1拍,左腿向前迈出,脚尖点地一次,同时两臂胸前屈向8点方向敲打1次(握拳,拳心相对,图3-1-77)。

2拍,左脚并于右脚,同时两臂胸前屈向8点方向敲打1次还原于体侧(握拳,拳心相对,图3-1-78)。

3拍,右腿向前迈出,脚尖点地一次,同时两臂胸前屈向2点方向敲打1次(握拳,拳心相对,图3-1-79)。

4拍,右脚并于左脚,同时两臂胸前屈向2点方向敲打1次还原于体侧(握拳,拳心相对,图3-1-80)。

 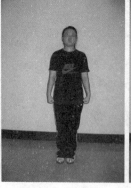  

图3-1-77　　　　图3-1-78　　　　图3-1-79　　　　图3-1-80

5~8拍,同1~4拍,动作相同。

第八个八拍同第七个八拍,动作相同。

9）第九个组合：解围裙。

共2个8拍，第一个八拍如图3-1-81~图3-1-88所示。

1拍，左脚原地踏步，同时两臂腰后屈（握拳，拳心向后，图3-1-81）。

2拍，右脚原地踏步，同时两臂腰后屈（握拳，拳心向后，图3-1-82）。

3~4拍，腿部动作不变，同时两臂侧下举（握拳，拳心向后，图3-1-83、图3-1-84）。

5拍，左脚向前迈出一步，同时两臂前平举（握拳，拳心向下，图3-1-85）。

6拍，右脚并于左脚，手臂动作不变（图3-1-86）。

7拍，左脚向后迈出一步，同时两臂向下摆动（握拳，拳心向前，图3-1-87）。

8拍，右脚并于左脚，同时两臂继续摆动还原至体侧（五指并拢，掌心向内，图3-1-88）。

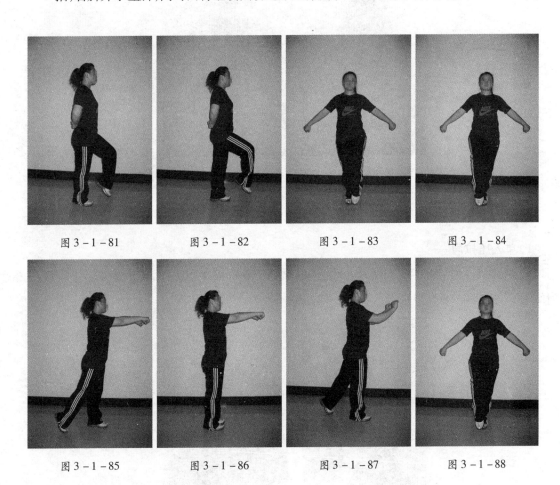

图3-1-81　　　图3-1-82　　　图3-1-83　　　图3-1-84

图3-1-85　　　图3-1-86　　　图3-1-87　　　图3-1-88

第二个八拍同第一个八拍，动作相同。

二、关节柔韧性训练

1. 颈部柔韧性练习

转头练习,如图3-1-89、图3-1-90所示。方法:在深吸气时使头部尽量伸向左后方,呼气时使头颈还原,然后在深吸气时使头颈尽量伸向右后方,呼气时头颈还原,反复7~8次。

图3-1-89　　　　　图3-1-90

2. 肩关节柔韧练习

1) 单人压拉肩。

如图3-1-91、图3-1-92所示。方法:借助于立杆或平面物体,单手或双手进行压拉肩练习,可按照4×8口令进行。

图3-1-91　　　　　图3-1-92

2) 双人压拉肩。

如图3-1-93、图3-1-94所示。方法:两个人配合,压肩时,对面站立,相互搭肩下压。拉肩时,并行站立,相互扣住对方手指,外侧手在上面,内侧手在下扣住。可按照 4×8 口令进行。

图 3-1-93

图 3-1-94

3. 髋关节柔韧练习

1)抬摆腿练习。

如图 3-1-95~图 3-1-97 所示。方法:屈腿尽力向上抬腿,大腿面过髋关节。重复 4 个 8 拍;直腿大力向外摆动,重复 4 个 8 拍。直腿后摆至最大幅度,重复 4 个 8 拍。

图 3-1-95

图 3-1-96

图 3-1-97

2)劈腿练习。

如图 3-1-98、图 3-1-99 所示。方法:横劈腿,两腿向两侧自然展开,然后慢慢加力

图 3-1-98

图 3-1-99

下压,缩短离地面高度。竖劈腿,就是两腿前后分开,用力由小到大,到不能向下去的时候,可用数数字方式,数 5、10、15 等,然后再站起放松髋部。切忌用力过猛,可用手撑地面,以避免韧带受伤。

3)踢腿练习。

如图 3-1-100、图 3-1-101 所示。方法:正踢腿,用力向前上踢腿。侧踢腿,用力侧上踢腿。要求用力猛踢,可用手作为参照物,击打手面,提高用力感觉。

图 3-1-100　　　　　图 3-1-101

4.膝关节柔韧性练习

1)转动膝关节。

如图 3-1-102、图 3-1-103 所示。方法:膝关节顺逆时针转动练习,重复 4 个 8 拍。

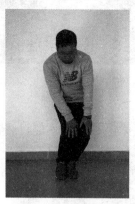 

图 3-1-102　　　　　图 3-1-103

2)下压膝关节。

如图 3-1-104、图 3-1-105 所示。方法:俯压,身体前倾,脚尖勾起,力达膝部下压。正压,两腿前后分开,后脚尖着地下压腿,力达膝部。

图 3-1-104　　　　图 3-1-105

三、腰部力量训练（略）

注：具体参照上述体能主导类业群岗位应用性腰部训练法。

任务二 体能主导类业群常见职业病及预防保健

一、肩周炎

1. 肩周炎症状

（1）肩周炎初始疼痛症状往往较轻，常因天气变化或劳累而引发，逐渐发展为持续性疼痛，尤其是在肩关节内旋、后伸、上举、外展等运动时更为明显，甚至剧痛难忍。

（2）在休息时疼痛症状也会加重，尤其是夜间睡眠时，严重者可能夜不能寐，不能向患侧压肩侧卧，肩关节活动受限一般发生在疼痛症状明显后的3~4周，之后关节囊、韧带等软组织粘连、挛缩，导致肩关节明显僵硬。

2. 肩周炎体育保健方法

1）自我按摩法。

（1）用健侧的拇指或手掌自上而下按揉患侧肩关节的前部及外侧，时间大约1~2分钟，在局部痛点处可以用拇指点按片刻。

（2）用健侧手的第2~4指的指腹按揉肩关节后部的各个部位，时间大约1~2分钟，按

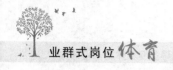

揉过程中发现有局部痛点亦可用手指点按片刻。

（3）用健侧拇指及其余手指的联合动作揉捏患侧上肢的上臂肌肉，由下至上揉捏至肩部，时间大约1~2分钟。

2）功能性锻炼法。

（1）前后摆动。

方法：躯体前屈（即弯腰），上肢下垂，尽量放松肩关节周围的肌肉和韧带，然后做前后摆动练习，幅度可逐渐加大，作30~50次。可做持重物（0.5~2千克）下垂摆动练习，做同样时间的前后摆动（30~50次），以不产生疼痛或不诱发肌肉痉挛为宜。开始时，所持的重物不宜太重。可以先用0.5千克，再逐步添加到1千克，慢慢再添加到2千克。

（2）回旋画圈。

弯腰垂臂，以肩为中心，做由里向外或由外向里的画圈运动，用臂的甩动带动肩关节活动。幅度由小到大，反复作30~50次。

（3）手爬墙。

方法：双手爬墙，正身双手爬墙面向墙壁站立，双手上抬，扶于墙上，用双侧的手指沿墙缓缓向上爬动，使双侧上肢尽量高举，达到最大限度时，在墙上作一记号，然后再徐徐向下返回原处。反复进行，逐渐增加高度；单手爬墙，侧身单手爬墙，侧向墙壁站立，用患侧的手指沿墙缓缓向上爬动，使上肢尽量高举，到最大限度，在墙上作一记号，然后再徐徐向下回原处，反复进行，逐渐增加高度。

（4）肩外展。

方法：两手十指交叉，掌心向上，放在头后部（枕部），先使两肘尽量内收，然后再尽量外展。

二、腰椎病

1. 腰椎病症状

患者自觉腰部持续性钝痛，平卧位减轻，站立则加剧，一般情况下尚可忍受，腰部可适度活动或慢步行走，另一种为突发的腰部痉挛样剧痛，难以忍受，需卧床休息，严重影响生活和工作。

2. 腰椎病体育保健方法

1）自我按摩法。

方法：自我按摩律、搓腰眼，两手轻握拳，用拳眼或拳背轻轻扣打腰眼处，或用双手握拳，用手背骨节按摩腰眼处,也可用双手捏腰眼处肌肉,上从两臀后尽屈处开始,往下捏至骶骨下端,往返10次。捏时两大拇指、食指和中指将腰肌捏起,大拇指从上往下推,下面食、中指往下搬,让肌肉滚动起来,每日捏1~2次。

2)保健操。

(1)托举式。

①中指尖相对,掌心向上,置于小腹前。

②双手掌沿腹胸正中线,向上轻轻抬起,抬至胸前两乳之间膻中穴处。

③双掌掌心向上,向身体正前方伸出,双手中指尖保持相对姿势。

(2)展翅式。

①双手掌心向上,左右分开,呈"一"字形伸展于身体两侧,与肩相平。

②双手手掌由身体两侧向上轻轻抬起,掌心相对于头顶上方,同时头面后仰,两眼直视双掌中间空处。

(3)飞翔式。

①双手手掌内旋,掌心向前,向身体前下方轻轻下落,同时弯腰低头,双手掌掌心向内,置于两小腿前。右手掌握在左膝盖上,左手掌及躯干头面同时向左后上方旋转上抬至最大限度,两眼直视左手中指尖。

②左手掌向身体前下方落下,握在右膝盖上,躯干头面归于正位。右手掌同时向身体右后上方旋转上抬至最大限度,躯干头面也向右后上方旋转,两眼直视右手中指尖。

(4)画圆式。

①右手手掌向身体前下方轻轻落下,握在左膝盖上,躯干头面同时归于正位。

②双手手掌自双膝轻轻抬起,掌心向下,向前方移动,然后左右分开,画圆一周;如前再画圆一周,双掌内合于腹前,然后中指尖相对、掌心向上。

项目4　体能主导类业群岗位拓展性体育与健康

任务一　篮球

一、篮球运动简介

篮球运动起源于美国,1891年由詹姆士·奈史密斯发明。由于美国东部入冬较早,为了提高学员们对体育课的兴趣,詹姆士尝试把室外运动项目搬进室内,解决冬季室外寒冷、运动项目无法正常开展的问题。詹姆士借鉴了篮网球的规则,发明了篮球运动。

1904年,圣路易斯奥运会上第一次进行了篮球表演赛。1936年,篮球在柏林奥运会中被列为正式比赛项目。

篮球运动在1895年由美国人来会里博士首先传入中国天津,1914年5月,在旧中国第2届全运会上篮球运动被列为正式的比赛项目。早期的中国篮球运动发展得比较缓慢,直至1996年在第26届亚特兰大奥运会上中国男篮获得第八名,实现了历史性的突破。2001年世界大学生运动会篮球赛,中国男女篮分别获得亚军。至此我国篮球运动才开始冲出亚洲走向世界。

二、篮球运动场地

篮球比赛的标准场地长28米、宽15米,四条界线外至少2米处不得有任何障碍物,如在室内则天花板的高度应至少为7米。球场分中线、前场和后场,中线上的中圈和前、后场罚球区罚球线上的两个半圆半径均为1.80米。篮圈下面的矩形为限制区,通常称禁区。前、后场内的拱形弧线外的地区称3分投篮区,在拱形弧线外投篮命中得3分。如图4-1-1所示。

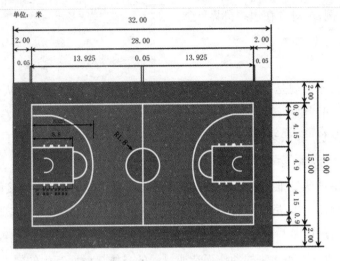

图 4-1-1

三、篮球比赛基本规则

1. 超时违例

(1) 3秒钟规则:某队控制球时,同队队员在对方禁区内停留不得超过3秒钟。在比赛过程中或控球后在界外掷界外球的情况下,只要同方队员在对方禁区内停留超过3秒钟,裁判员会立即鸣哨,判罚3秒违例。

(2) 5秒钟规则:当一个持球队员被严密防守,在5秒钟内没有传球、投球、滚球或运球时,也将宣判违例。过去5秒违例判争球,现在则由对方队员就近掷界外球。

(3) 8秒钟规则:一个队从后场控制球开始,必须在8秒钟内将球推进到前场,否则判8秒钟违例,由对方掷界外球。

(4) 24秒钟规则:一个队在场上控制球后,必须在24秒钟内出手投篮,否则判24秒违例。过去如在24秒钟内球被对方击出界外后将重新计算24秒,现在则从边线掷界外球后不再重新计算24秒,而是在24秒钟中的剩余时间内必须出手投篮,否则仍被判为24秒违例,判由对方掷界外球。

2. 一般规定

篮球全队7次犯规规则和一加一罚球规则:比赛每半时,一个队的队员侵人犯规和技术犯规次数累计已达7次,此后这个队的任何一个队员再发生侵人犯规或技术犯规,均将执行一加一罚球规则,判给被侵犯的对方队员罚球一次,如罚球成功,由这个队员再追加罚球一次;如第一次罚球不中,比赛应继续进行,不再给予追加罚球的机会。如罚球者罚出的球未触及篮圈,则判为违例,由对方在边线掷界外球。

3. 技术规则

(1)技术犯规:技术犯规是指所有不包括与对方队员接触的队员犯规。队员不得漠视裁判员的劝告或运用不正当的行为。

(2)两次运球:又称"非法运球",球员第一次运球结束后不得再次运球,失去了对球的控制以后只可以投篮、传球,除非球被另一球员接触。

(3)带球撞人:持球队员推动或移动到防守队员躯干上的身体接触,当接触的瞬间防守队员已经提前站位,则进攻队员构成带球撞人。

(4)阻挡犯规:持球队员与防守队员在进攻和防守时,采取了不合理的位置、不正确的身体姿势、不正当的起动方法和非法的动作而造成错误的身体接触而产生的侵人犯规。

(5)打手犯规:又称"非法用手",在运球或上篮、投篮时防守人员打手,这样就会被裁判吹其打手犯规。

(6)走步:又称"带球走违例",是指当队员在场上持着一个活球,其一脚或双脚超出规则所述的限制向任一方向非法移动。

(7)24秒违例:①当一名队员在场上控制活球时,该队必须在24秒钟内完成投篮。计时器是篮球比赛不可缺少的部分,允许24秒时间到时篮球尚在投篮动作完毕后的飞行轨迹中,如果篮球最后触碰篮筐,则24秒计时器重置计时,如果投篮未能触碰篮筐,则判24秒超时违例;②控制球队在24秒钟内未投篮,要发出24秒信号的声响,违反本条规则为违例。

(8)8秒违例:负责进攻的球队必须要在8秒钟内把球运到对方的半场,如果在8秒之前运不到方前场的话,那么裁判就会判给对方发球,比赛也因此会重新开始。

(9)5秒违例:①进攻球员必须在5秒钟之内掷出界外球;②在被严密防守时,必须在5秒钟之内传、投或运球;③在罚球时,罚球队员必须在5秒之内将球投出。

(10)双方犯规:双方犯规是2名互为对方的队员大约同时相互发生侵人犯规的情况。如发生双方犯规,应给每一犯规队员登记一次侵人犯规,不判给罚球,并且只给队员登记犯规,不登记全队犯规。

四、篮球的技术

1. 单手肩上传球

这是一种经常在抢得篮板球后快攻或长传时使用的一种中、远距离的传球方法。整个动作:从双手持球开始,持球后引,出球时,转体挥臂,即转腰转肩,带动肘、臂前摆,扣腕,食、中、无名指拨球,将球传出。远距离传球时,持球后引幅度加大,以增大转肩挥臂力量;中、近距离传球时,则应尽量减少向后引球幅度,以加快出球速度。动作关键是用转肩带动肘部向前摆,并急促向前伸臂扣腕,手指用力拨球。跳起单手肩上传球多用于快攻和突破分球,跳起同时将球引至肩侧,跳到最高点时腰腹伸展,转肩挥臂将球传出,动作关键是跳起—引球—伸展腰腹—转肩挥臂几个环节协调连贯。如图4-1-2所示。

图4-1-2

2. 行进间单手肩上投篮

动作方法:以右手投篮为例,右脚向前跨出时接球,接着迅速上左脚起跳,右腿屈膝上抬,同时举球至头右侧,腾空后,上体稍后仰,当身体跳到最高点时,右手臂伸直,用手腕前屈和手指力量将球投出。

动作要点:一跨大步接球牢,二跨小步用力跳,三要翻腕托球举球高,四要指腕柔和用力巧。如图4-1-3所示。

图4-1-3

3. 运球急停急起

动作方法：在快速运球中，突然急停时，手拍按球的前上方。运球疾起时，要迅速起动拍接球的后上方，要注意用身体和腿保护球。

动作要点：运球急停急起时，要停得稳、起得快。如图4-1-4所示。

图4-1-4

五、篮球的基本战术

1. 传切配合

传切配合是一种最基本的简单易行的战术配合,在竞赛中经常采用。如图 4-1-5 所示。

(1)配合方法:⑤传球给④后,立即摆脱⑤对手向篮下切入,接④的回传球投篮。

(2)配合要点:切入队员要掌握好切入时机,利用好假动作和速度;传球队员注意用假动作吸引牵制对手。

(3)易犯错误:切入时动作的突然性不够;切入时没有明显的动作、方向和速度的变化;持球队员给切入队员的传球不及时、不到位,隐蔽性不强。

2. 突分配合

突分配合是指持球队员突破对手后,遇到对方补防时,及时将球传给进攻时机最好的同伴进行攻击的一种配合方法。如图 4-1-6 所示。

(1)配合方法:⑤从防守者的左侧突破,④协防,封堵⑤向篮下突破的路线,此时④及时跑到有利的进攻位置,接⑤的球投篮。

(2)配合要点:突破动作快速突然,既要做好投篮的准备,也要随时准备分球。

(3)易犯错误:突破时只看球篮没有随时观察场上攻守队员的位置与行动,分球不及时。配合队员选位摆脱时间、位置与距离不当。

3. 掩护配合

掩护配合是进攻队员选择正确的位置,用自己的身体以合理的技术动作挡住同伴的防守队员的移动路线,使同伴借以摆脱防守,获得进攻机会的配合方法。如图 4-1-7 所示。

(1)配合方法:⑤传球给④后跑到④的侧面做掩护,④接球后做投篮或突破的动作,吸引对手④,当⑤到达掩护位置时,④持球从对手④的右侧突破投篮。⑤掩护后及时移动到有利的位置去接球或抢篮板球。

(2)配合要点:掩护队员的行动要隐蔽快速;被掩护队员要注意用假动作吸引对手,当同伴到达掩护位置时,摆脱对手动作要突然、快速。

(3)易犯错误:掩护的位置、距离及掩护动作不合理。掩护者没有隐蔽自己的行动意图,被掩护者没有运用假动作吸引防守者。掩护队员作掩护后没有及时转身护送或参与配合进攻。

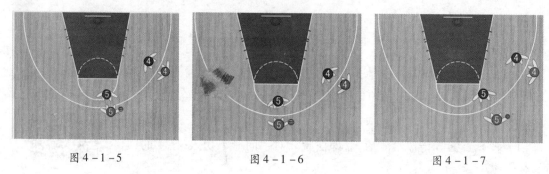

图 4-1-5　　　　　　　　图 4-1-6　　　　　　　　图 4-1-7

任务二　排球

一、排球运动简介

排球运动起源于美国。1895年美国马萨诸塞州霍利约克市，一位叫摩根的体育工作人员发明了排球。当时网球、篮球很盛行，但摩根先生认为篮球运动太激烈，而网球运动量又太小，他想寻求一种运动量适中、富于趣味性且男女老少都适宜的室内娱乐性项目，就想把当时已广为流行的网球搬到室内，在篮球场上用手来打。

排球运动于1900年传入亚洲；1950年7月，在中华全国体育总会举办的全国体育工作者暑期学习会上，大会首次介绍了6人制排球规则与比赛方法，1951年正式采用6人制。从此，6人制排球在国内逐步地开展起来。

二、排球运动场地

排球比赛场地为18米×9米的长方形，四周至少有3米空地，场地上空至少高7米内不得有障碍物。国际排协世界级正式比赛，无障碍区自边线以外至少5米，自端线以外至少8米，无障碍的比赛空间自地面以上至少12.5米没有障碍物。场中间横画一条线把球场分为相等的两个场区。所有线宽均为5厘米。场地中线上空架有球网。网宽1米，长9.50米，挂在场外两根圆柱上。女子网高2.24米，男子网高2.43米。球网两端垂直于边线和中线的交界处各有5厘米宽的标志带，在其外侧各连接一根长1.80米的标志杆。如图4-2-1所示。

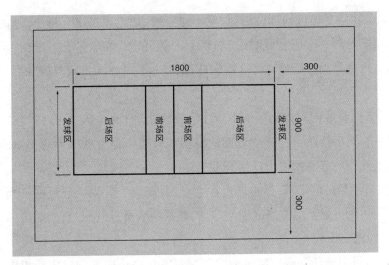

图 4-2-1

三、排球比赛基本规则

1. 球员规定

位置：球员通常不需要掌握全部六种技术——发球、一传（接发球）、二传（举球、托球）、扣球、拦网、救球，而是通常根据球队的战术，以其中的一种或多种为专长。最常见的位置分配包含三种位置：攻手（分为主攻手和副攻手）、二传手和自由人（专职防守的球员）。

二传手：二传手的职责在于组织全队的进攻，他们负责在二传时将球送至让攻手最适宜扣球的位置。

自由人：自由人是专职防守的球员，负责接发球和扣球（救球）。

副攻手：副攻手是经常在靠近二传手的位置打出快攻的球员。

主攻手：主攻手是在靠近标志杆的位置进攻的球员。

人数规定：每队上场6人，站成两排，从左至右，前排为4、3、2号位，后排为5、6、1号位；在发球时，双方队员都必须按规定位置站好，否则将被判失发球权或对方得1分。

换人规定：比赛成死球时，教练员和队长可向裁判员请求暂停或换人；每次暂停不得超过30秒；1局比赛每队可要求两次暂停；每队在1局比赛中，换人最多不得超过6人次。

2. 技术规定

（1）发球：获得发球权的一方须先轮转，1号位队员在裁判员鸣哨后8秒钟内将球击出；发球离手后，如果球在中途触及发球队场上队员、标志杆、其他障碍物，发球不过网或球落在对方界外均为发球失误，失发球权；在本队未失误前，发球队员连续发球。

(2)触球：队员可用身体任何部位触球，但不得停留，如出现捞、捧、推、掷球的情况则被判为持球；每队最多触球3次（拦网除外），如果1个队员连续触球多于1次（拦网除外），被判为连击；同队2个队员同时触球作为2次触球；但双方队员在网上同时触球后均再可击球3次。

(3)进攻性击球：直接向对方场区的击球为进攻性击球；前排队员可在本场区对任何高度的球作进攻性击球；后排队员在进攻线前的前场区只能作整个球体不高于球网上沿的进攻性击球，但在进攻线后起跳则可击任何高度的球。

(4)过网：队员不得过网击球，但击球点在本场区，球离手后手随球过网不判过网犯规；对方击球前，拦网队员手触及对方场区上空的球，判拦网队员过网犯规；当对方队员击球后，许可在对方场区拦网。

(5)过中线：队员身体任何部位越过中线触及对方场区地面即判过中线犯规；但一脚或双脚的一部分踏过中线，而另一部分踏在中线上或在中线上空则不判犯规；队员可伸手在网下击球，但不得阻碍对方队员。

(6)拦网：只准前排队员进行单人或集体拦网；在1次拦网中，球可连续触及1个或几个拦网队员的手、头或腰部以上身体任何部位均算1次拦网；拦网后本队可再击球3次。拦网手触球后，球落界外为触手出界，判失误。

3. 赛制规定

前4局比赛采用25分制，每个队只有赢得至少25分，并同时超过对方2分时，才胜1局。

正式比赛采用5局3胜制，决胜局的比赛采用15分制，一队先得8分后，两队交换场区，按原位置顺序继续比赛到结束。

在决胜局（第五局）的比赛，先获15分并领先对方2分为胜。

4. 犯规情况

发球犯规：

(1)发球次序错误。

(2)发球队员在击球时或击球起跳时，踏及场区（包括端线）或发球区以外地面。

(3)发球队员在第一裁判鸣哨8秒内未将球击出。

(4)球未被抛起或未使持球手清楚撤离就击球。

(5)双手击球或单手将球抛出、推出。

(6)球抛起准备发球，却未击球。

下列情况为发球击球后的犯规：

(1)球触及发球队队员或没有通过球网的垂直平面。

(2)球触网后落入对方场区外,界外球。

(3)球越过发球掩护的个人或集体(在发球时,某一队员或 2 名以上队员密集站位或挥臂跳跃、移动遮挡接发球队员,且发出去的球从他或他们上空飞过,则构成个人或集体发球掩护犯规)。

轮转错误:

(1)未按记录表上登记的发球次序进行发球。

(2)发球队胜一球后,而换由其他队员继续发球。

位置错误:

(1)在发球队员击球时,场上其他队员未完全站在本场区内。

(2)未按规则"每一名前排队员至少有一只脚的一部分,比同列后排队员的双脚距中线更近"(规则规定即 4 号位同 5 号位,3 号位同 6 号位,2 号位同 1 号位对比发生位置错误犯规)。

(3)未按规则"每一名左(右)边队员至少有一只脚的一部分比同排中间队员的双脚距左(右)边线更近(规则规定 3 号位同 4 号位,3 号位同 2 号位;6 号位同 5 号位,6 号位同 1 号位对比发生位置错误犯规)。

连击:身体任何部分均可触球,但一名队员(拦网队员除外)连续击球两次或连续触及他身体的不同部位(第一次击球,同一个动作击球除外),即为连击犯规。

持球:身体任何部分均可触球,但球必须被击出,不得接住或抛出,否则即为持球犯规。

过网击球:在对方场区空间击球,即为过网击球犯规;后排队员进攻性击球;后排队员在前场区完成进攻性击球(或球触对方拦网队员手即被认为完成进攻性击球),并且击球时,球的整体高于球网上沿,即为后排队员进攻性击球犯规。

过网拦网:在对方进攻性击球前或击球的同时,在对方场区空间拦网触球,即为过网拦网犯规。

后排队员拦网:后排队员完成拦网或参加了完成拦网的集体,即为后排队员拦网犯规。

拦发球:拦对方发球即为拦发球犯规。

网下穿越、过中线:从网下穿越进入对方空间并妨碍对方比赛,则为网下穿越犯规。队员的一(两)只脚或一(两)只手完全越过中线触及对方场区,则为过中线犯规。

触网触标志杆:触网触标志杆不为犯规,但队员在试图击球或影响比赛时的触网或触标志杆则算犯规。队员击球后可以触及网柱,全网长以外的网绳或其他任何物体,但不得影响比赛。

四、排球基本技术

1. 正面双手垫球

正面双手垫球是排球比赛中最基本、应用最多的垫球方法,是指双手在腹前垫击来球的一种垫球方法,是各种垫球技术的基础,是最基本的垫球方法,适合于接各种发球、扣球和拦网球,在困难的时候也可以用来组织进攻。

1) 自垫球

(1) 击球手型、击球点和击球部位。

垫击手型目前常用的方法有以下三种(图4-2-2):

①叠掌式:两手掌跟紧靠,两手手指重叠后合掌互握,两拇指平行。

②抱拳式:两手抱拳互握,两拇指平行放于上面,两掌根和两小臂外旋紧靠,手腕下压,使前臂形成一个垫击平面。

③互靠式:两手腕部紧靠,两手自然放松。

注意:无论什么手型,都应注意手腕下压,两臂外翻形成一个平面。

叠掌式　　　　　抱拳式　　　　　互靠式

图4-2-2

(2) 击球点、击球部位。

正面双手垫球的击球点,一般应尽量保持在腹前约一臂距离的位置。用腕上10厘米左右的两小臂桡骨内侧所构成平面击球。

除了上述介绍的动作要领之外,自垫球需要另外注意:技术要点口诀是一插、二夹、三抬;球的运动轨迹是自下而上;对垫球的重心前移,而自垫球的重心上移;先练习自垫球后过渡到对垫球。如图4-2-3所示。

2) 对垫球。

(1) 对垫球的准备姿势。

初学垫球时,由于是垫击一般的轻球,故可采取一般准备姿势。上体稍前倾,两脚开立,两脚间的距离稍宽于肩,两臂微屈置于腹前,两肘稍内收,两眼注视来球。

图4-2-3

（2）击球力度。

力量不同，垫球用力也不同。来球力量较小、速度较慢时，击球主要靠手臂上抬力量，以增加球的反弹力；如果需要垫出较远、弧度较高的球，还要靠蹬地、跟腰、提肩动作的协调配合，抬臂动作也要适当增大。来球具有一定力量时，迎击的动作要小，速度要慢，手臂适当放松，避免弹力过大，主要依靠球本身的反弹力。

（3）技术要点。

迅速移动正对球，两臂夹紧插球下，抬臂送体，手腕下压，蹬腿重心前移。动作要领：手型，触球部位，击球点，协调用力。技术要点也可简单概括为八字口诀：一插、二夹、三抬、四蹬。如图4-2-4所示。

图4-2-4

2. 侧面下手发球

侧面下手发球是侧对网站立,转体带动手臂由体侧后下方向前挥动,在体前肩以下的高度击球过网的一种发球方法,这种发球方式可借肋转体力量带动手臂挥动击球,比较省力。如图4-2-5、图4-2-6所示。

图4-2-5

图 4-2-6

动作要领：

（1）准备姿势：发球时左肩对球网站立，两脚左右开立与肩同宽。两膝稍弯曲，上体略前倾，左手持球于腹前。

（2）抛球转臂：左手将球平稳抛至腹前离身体约一臂之距，离手高度约30cm左右。在抛球同时，右臂伸直向身体右侧后下方摆动。

（3）挥臂击球：以右脚蹬地，身体向左转体带动右臂向体前上方挥动，在腹前以全掌或掌根击球的后下方。击球后，迅速进场比赛。在抛球的同时，右臂摆至右侧下方，接着利用右脚蹬地向右转体的力量，带动右臂向前上方摆动，在腹前用全手掌击球的右下方，击球后顺势使重心前移，迅速进场。

技术要点：腹前低抛球，转体摆臂，击球后下部，手腕击推压球。

3. 正面双手传球

传球是排球运动的基本技术之一，主要用于衔接防守和进攻。传球的种类很多，向前传球是传球的基础动作，传球前要求人必须及时移动到适当位置，保持好人与球的合适位置。

1）对传。

（1）准备姿势：采用稍蹲准备姿势，抬头目视来球，双肘弯曲自然抬起，双手置于脸前。

（2）手型：手触球时，两手应自然张开成半球形，使手指与球吻合，手腕稍后仰，拇指相对，小指在前；传球时用拇指内侧、食指全部、中指的二、三指节触球，无名指和小指在球的两侧辅助控制出球方向，两肘适当分开，自然下垂。

（3）迎球：当球接近额前时开始蹬地、伸膝、伸臂，两手微张，从脸前向前上方主动迎击来球。

（4）击球：击球点应保持在额前上方约一球远，击球部位一般在球的后下方。

（5）用力：传球主要靠伸臂力量，与下肢蹬地力量的协调配合，通过球压在手上使手指手腕产生的反弹力将球传出。

(6)击球后身体重心随击球动作前移,全身放松呈准备姿势状态,准备下一个击球动作。如图4-2-7、图4-2-8所示。

技术要点:当球接近额前时开始蹬地、伸膝、伸臂,两手微张,从脸前向前上方主动迎击来球。

图4-2-7

图4-2-8

2) 自传。

自传球技术要点和对传球基本一样,但需要注意以下几点(图4-2-9):

(1) 准备姿势:抬头目视来球,双肘弯曲自然抬起,双手置于脸上。

(2) 迎球:当球接近额前时开始蹬地、伸膝、伸臂,两手微张,从脸前向上方主动迎击来球。

(3) 击球:击球点应保持在额上方约一球远,击球部位一般在球的下方。

图 4-2-9

4. 扣球

扣球是排球最重要的基本技术之一,也是排球基本技术中最难掌握的技术。扣球是队员跳起在空中将高于球网上沿的球有力地击入对方区域内的一种击球方法。扣球动作包括助跑、起跳、空中击球、落地等几个环节(图4-2-10、图4-2-11)。

(1) 准备姿势:两脚自然开立,一脚在前,另一脚在后,两膝稍屈,上体自然前倾,两臂稍屈自然下垂置于体侧,两眼密切注视来球。

(2) 助跑:助跑时,首先是对一传进行判断,然后判断二传的方向、速度、弧线、落点,一边助跑,一边判断。判断贯穿在整个助跑、起跳和击球的全过程。

(3)起跳:起跳时,两膝弯曲并稍内扣,上体前倾,在两脚迅速用力蹬地的同时,两臂由体侧后迅速向体前上方摆动,迅速展腹,带动整个身体垂直腾空而起。

(4)击球:起跳后,右臂随之抬起,上体稍向右转,抬头挺胸并展腹,击球手臂后引,肘部自然弯曲略高于肩。挥臂时,以迅速向左转体和收腹、收胸的动作带动手臂挥动,成快速甩鞭动作向右肩前上方挥击。击球时,五指微张呈勺形,并保持适当的紧张,以全手掌包住球,掌心为击球中心,手臂充分伸直,击球的后中上部或后中部,手腕猛力迅速下甩,同时主动屈指向前推压,使球向前下方加速上旋飞行,落入对方场区。

(5)落地:一般情况往往是左脚先着地,为了避免单脚先落地造成膝关节损伤,应力争两脚同时落地。落地时,应以前脚掌先着地再过渡到全脚掌着地。同时顺势收腹、屈膝,以缓冲下落的力量,并立即做好下一个准备动作。

技术要点:预判助跑向上跳,挺胸展腹反弓身,挥臂转体(收腹)鞭击球,屈膝缓冲脚掌落地。

图 4-2-10

图 4-2-11

五、排球基本战术

1. 轮转

排球场上,如图 4-2-12 所示,分成 1、2、3、4、5、6 这六个位置。每当本方新获得发球权,所有人都要顺时针移动一个位置。如 2 号位转到 1 号位,6 号位转到 5 号位……直至轮转到如图 4-2-13 所示。

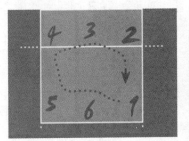

图 4-2-12

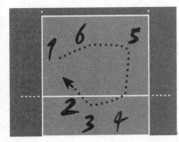

图 4-2-13

如图 4-2-14 从左到右依次是 4、3、2,是前排队员,他们三个要注意彼此的左右位置。5、6、1 是后排队员,也要注意彼此的左右位置。前排队员无须和后排队员比较左右位置,但 5 号位要比 4 号位距离中线更远,6 号位要比 3 号位距离中线更远,1 号位要比 2 号位距离中线更远。

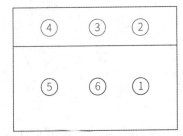

图 4-2-14

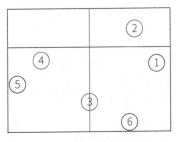

图 4-2-15

如图 4-2-15，按照规则，我们首先看前排和后排各自站位的横向比较：前排从左到右是 4、3、2，后排从左到右是 5、6、1，不违反规则。我们再看各自的纵向比较，4 号位比 5 号位更接近中线，3 号位比 6 号位更接近中线，2 号位比 1 号位更接近中线，也不违反规则。此图仅仅是解释规则，没有任何实战意义。

2. 边一二进攻战术

排球运动进攻战术之一，由前排 2 或 4 号位队员充当二传手，其他 2 名队员作攻手，一般是二传手在 2 号位组织进攻（图 4-2-16）。如二传手在 4 号位组织进攻，则称为"反边一二进攻"（图 4-2-17）。边一二进攻是进攻的基本形式，易于组成，又可变换战术，多为中级技术水平的球队所采用。高水平的球队在防守中，或处于不利局面时，为了稳定战局也常常采用。

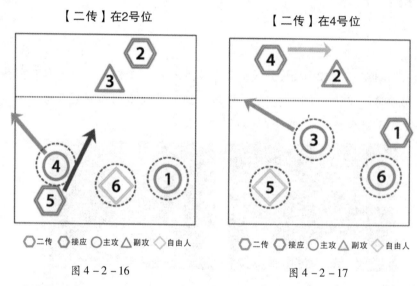

图 4-2-16　　　　　　　　　图 4-2-17

"边一二"进攻形式，由于两名进攻队员的位置相邻，便于进行互相掩护的进攻配合，可以组织较多的快变战术。但由于对一传、二传的要求都较高，组织"边一二"进攻形式要比组织"中一二"进攻形式的难度大，其战术配合也较为复杂，但突然性和攻击性大。

任务三　足球

一、足球简介

足球是一项以脚支配球为主、两个队在同一场地内进行攻守的体育运动项目。足球运动的对抗性强，运动员在比赛中采用规则所允许的各种动作，包括：奔跑、急停、转身、倒地、跳跃、冲撞等，同对手进行激烈的争夺。

从起源上来看，足球是一项古老的健身体育活动，源远流长，最早起源于我国古代的一种球类游戏"蹴鞠"，后来经过阿拉伯人传到欧洲，发展成现代足球。所以说，足球故乡是中国。而现代足球，最早在19世纪的英国产生，经过不断的发展演进，已经成为了世界上最受人们喜爱、开展最广泛、影响最大的体育运动，被誉为"世界第一运动"。

二、足球场地

1. 场地

根据竞赛规程规定，比赛可以在天然或人造草坪上进行。人造草坪的颜色必须是绿色。

2. 场地标记

（1）两条较长的边界线叫边线，两条较短的线叫球门线。

（2）比赛场地被中线划分为两个半场，该中线与两条边线中间相连。

（3）在场地中线的中点处做一个中心标记。以距中心标记9.15米（10码）为半径画一个圆圈。

（4）在比赛场地外，距角球弧9.15米（10码）且垂直于球门线和连线处做标记，以保证在踢角球时，守方队员在那个区域能遵守规定的距离。

3. 场地大小

比赛场地应为长方形，其长度不得多于120米或少于90米，宽度不得多于90米或少于45米（国际比赛的场地长度不得多于110米或少于100米，宽度不得多于75米或少于64米）。在任何情况下，长度必须超过宽度。世界杯采用的长度是105米，宽度是68米。如图4-3-1所示。

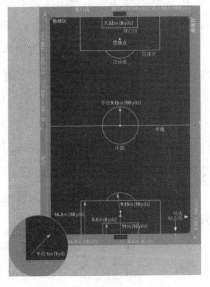

图4-3-1

三、基本规则

1. 比赛人数

一场比赛应有两队参加,每队上场队员不得多于 11 名,其中必须有 1 名守门员。如果任何一队少于 7 人则比赛不能开始。在由国际足联、洲际联合会或国家协会主办的正式比赛中,每场最多可以使用 3 名替补队员。

2. 比赛时间

(1)比赛时间。比赛分为两个半场,每半场 45 分钟。特殊情况经裁判员和双方同意另定除外。任何改变比赛时间的协议(如光线不足每场减少到 40 分钟)必须在比赛开始之前制定,并要符合竞赛规程。

(2)中场休息。队员有中场休息的权利,一般中场休息不得超过 15 分钟,且只有经裁判员同意方可改变中场休息时间

(3)允许补充的时间。在每半场比赛中损失的所有时间应予补足:①替换队员;②对队员伤势的估计;③将受伤队员移出比赛场地进行治疗;④浪费的时间;⑤任何其他原因。补充消耗时间的多少由裁判员酌情决定。

3. 比赛进行及死球

(1)比赛成死球。下列情况比赛成死球:①当球不论从地面或空中全部越过球门线或边线时;②当比赛已被裁判员停止时。

(2)比赛进行。其他所有时间均为比赛进行中,包括:①球从球门柱、横梁或角旗杆弹回场内;②球从比赛场地上的裁判员或助理裁判员身上弹回场内。

4. 计胜方法

(1)进球得分。当球的整体从球门柱间及横梁下越过球门线,而此前攻进球的队未违反竞赛规则,即为进球得分。

(2)获胜的队。在比赛中进球数较多的队为胜者。如两队进球数相等或均未进球,则比赛为平局。

(3)竞赛规程。当竞赛规程要求一场比赛或主客场两回合比赛成平局需要决出胜者时,只能遵行下列批准的程序:①客场进球规则;②决胜期;③踢罚球点球。

5. 犯规与不正当行为

（1）下列情况将被判罚犯规或不正当行为。

①直接任意球。裁判员认为，如果队员草率地、鲁莽地或使用过分的力量违反下列七种犯规中的任何一种，将判给对方踢直接任意球：

Ⅰ.踢或企图踢对方队员；

Ⅱ.绊摔或企图绊摔对方队员；

Ⅲ.跳向对方队员；

Ⅳ.冲撞对方队员；

Ⅴ.打或企图打对方队员；

Ⅵ.推对方队员；

Ⅶ.拦截对方队员；

如果队员违反下列三种犯规的任何一种，也判给对方踢直接任意球：

Ⅷ.拉扯对方队员；

Ⅸ.向对方队员吐唾沫；

Ⅹ.故意手球（守门员在本方罚球区内不受限制）。

需要在犯规地点踢直接任意球。

②罚球点球。在比赛进行中无论球在什么位置，如果队员在本方罚球区内违反了上述十种犯规中的任何一种，应被判罚点球。

③间接任意球。如果守门员在本方罚球区内违反下列四种犯规中的任何一种，将判给对方踢间接任意球：

Ⅰ.用手控制球后在发出球之前持球超过6秒；

Ⅱ.在发出球之后未经其他队员触及，再次用手触球；

Ⅲ.用手触及同队队员故意踢给他的球；

Ⅳ.用手触及同队队员直接掷入的界外球；

裁判员认为，队员在出现下列情况时，也将判给对方踢间接任意球：

Ⅴ.动作具有危险性；

Ⅵ.阻碍对方队员进攻；

Ⅶ.阻挡对方守门员从手中发球；

需要在规则发生地点踢间接任意球。

（2）可警告的犯规。

如果队员违反下列七种犯规中的任何一种，将被警告并被出示黄牌：

Ⅰ.犯有非体育行为；

Ⅱ.以语言或行动表示不满;

Ⅲ.持续违反规则;

Ⅳ.延误比赛重新开始;

Ⅴ.当以角球、任意球或掷界外球重新开始比赛时,不退出规定的距离;

Ⅵ.未得到裁判员许可进入或重新进入比赛场地;

Ⅶ.未得到裁判员许可故意离开比赛场地。

如果替补队员或者替补下场的队员违反下列三种犯规中的任何一种,将被警告:

Ⅷ.犯有非体育行为;

Ⅸ.以语言或行动表示不满;

Ⅹ.延误比赛重新开始。

(3)罚令出场的犯规。

如果队员违反下列七种犯规中的任何一种,将被罚令出场:

Ⅰ.严重犯规;

Ⅱ.暴力行为;

Ⅲ.向对方或其他任何人吐唾沫;

Ⅳ.用故意手球破坏对方的进球或明显的进球得分机会(不包括守门员在本方罚球区内);

Ⅴ.用可能被判为任意球或球点球的犯规,破坏对方向本方球门移动着的明显的进球得分机会;

Ⅵ.使用有攻击性的、侮辱的或辱骂性的语言或动作;

Ⅶ.在同一场比赛中得到第二次警告。

被罚令出场的队员、替补队员或替补下场的队员须立即离开比赛场地附近及技术区域。

四、足球基本技术

1.基本球性练习

1)颠球——双脚颠球。

【动作】双手持球于体前,轻轻把球抛起(不要超过胸部),当球下落时,右脚迅速抬起,用正脚背击球,把球向上踢起,球再下落时,左脚迅速抬起,用正脚背击球,把球向上踢起,两脚交替练习。如图4-3-2所示。

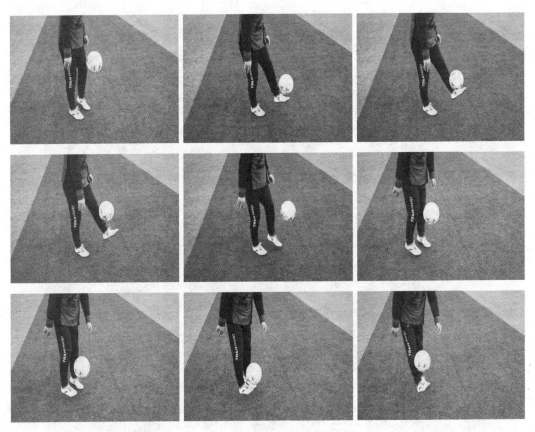

图 4-3-2

2）左、右脚交替踩球。

【动作】身体直立,两脚前后开立,左脚支撑身体,右脚前脚掌踩球的上部。动作开始后,两脚做一个交换跳动作,使左脚踩在球的上部,右脚支撑,这样两脚连续做交换跳练习。如图 4-3-3 所示。

【要求】

①踩在球上的脚不要用力踩球,只是轻轻地踩球;

②动作熟练后眼睛要目视前方,两脚的交换跳动作要快。

3）胯下左、右脚传球。

【动作】上体直立,两脚左右开立,大于肩宽,足球放在两脚之间,靠在右脚内侧处。动作开始后,用右脚内侧把球传至左脚内侧,传完球后右脚立刻落地支撑,这时左脚内侧传球回右脚,传完球后立刻落地支撑。这样,两脚交替在胯下进行传球练习。如图 4-3-4 所示。

【要求】

①初次练习时眼睛可观察胯下的传球练习,但动作熟练后眼睛要目视前方;

②脚下的传球动作要逐渐加快速度。两脚动作和身体重心要配合协调。

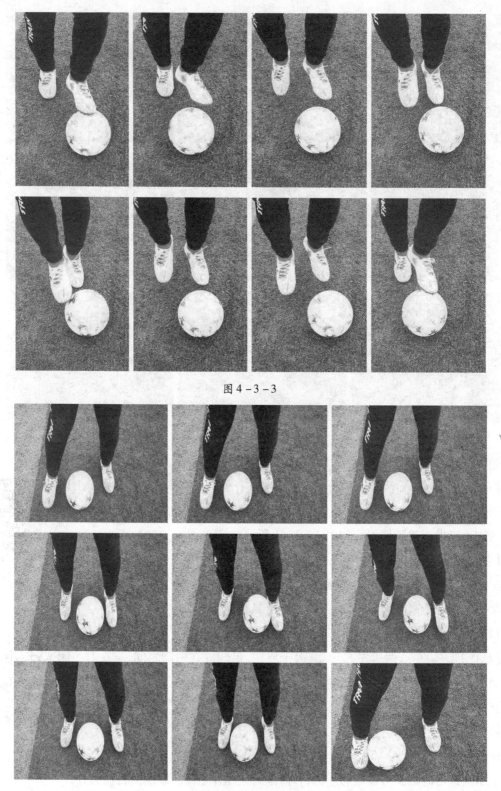

图 4-3-3

图 4-3-4

2. 脚内侧踢球

【简介】脚内侧踢球又称脚弓踢球,是运动员有目的地用脚的内侧(脚弓)将球击向预定目标的技术动作。脚内侧是踢球时最常使用的部位,它触球的面积比脚的其他部位都大,这使得在踢球时可以更容易地控制住球。因此,脚内侧踢球是进行短距离传球和射门的理想方法。

【动作】直线助跑,支撑前的最后一步稍大些,支撑脚踏在球侧约15厘米处,膝关节微屈,脚趾指向出球方向。踢球腿以髋关节为轴由后向前摆动,膝踝关节外展,脚尖稍翘,以脚内侧对准来球,当膝关节摆至接近身体上方时,小腿加速前摆,击球刹那,脚跟前顶,脚型固定,用脚内侧击球的后中部。如图4-3-5所示。

图4-3-5

3. 脚背正面踢球

【简介】脚背正面踢球是运动员有目的地用脚背正面将球击向预定目标的技术动作。脚背正面踢球,其摆幅相对较大,摆踢动作顺畅快速,便于发力,适用于远距离的发球和大力射门。但出球路线或性能缺乏变化,其踢出球的性质多为不旋转的直线球,但也用来踢搓击性的前旋球。

【动作】直线助跑,支撑脚踏在球侧,脚趾指向出球方向,膝关节微屈。在支撑脚前跨的同时,踢球腿大腿顺势后摆,小腿后屈。前摆时,大腿以髋关节为轴带动小腿前摆,当膝关节摆至接近球体上方时,小腿加速前摆,脚背绷直,脚趾扣紧,以脚背正面击球的后中部。击球后,踢球腿顺势前摆落地。如图 4-3-6 所示。

图 4-3-6

五、足球基本战术

1."二过一"配合

"二过一"是两个进攻队员,通过传球配合突破一个防守队员。"二过一"是集体配合的基础,可以在任何场区、任何位置上运用这种方法来摆脱对方的抢截或突破防线。"二过一"是进攻的两个队员之间相距 10 米左右,进行一传一切的配合。要求传球平稳及时,一般多用脚内侧、脚外侧等脚法,传低平球为主。传球的位置,尽可能是接球人脚下或前面二、三步远的地方。

2. 足球基本阵型

足球阵型是指为了适应区域防守、节奏控制、无球跑动的需要,全队队员在场上的位置排列和职责分工。各阵型的名称按队员排列的形状而定。自19世纪中期世界上有了第一个足球比赛阵型至今日的"4-3-3""3-5-2""4-2-4"等,以及某些国家所采用的"水泥式""锁链式"等,都是沿着这一个客观规律演变和发展的。而常见的几种如"4-4-2""4-3-3""4-5-1""3-5-2"等及其变种几乎涵盖了90%以上的阵型……

1)"4-3-3"阵型。

【简介】所谓的足球阵型,是指除去守门员以外的10个人排列,依次为后卫-中场-前锋。"4-3-3"指的就是4个后卫,3个中场,3个前锋(图4-3-7)。

【特点】"4-3-3"中场有3人防守,可攻可守,荷兰使用此阵型被誉为"全攻全守",不过此阵型需要后卫有极强的守卫能力,一旦主力后卫缺阵,433将面临后方空虚的危险。

【对策】4-3-3阵型的优势是攻击力较强,但相应的,其劣势就在于中场人数少,只有3个人。想要对付"4-3-3"阵型,可以选用一些中场人数较多的阵型,例如"3-5-2""4-3-2-1"等阵型。采用防守反击战术来延缓其攻击性,以柔克刚。

图4-3-7

2)"4-4-2"阵型。

【简介】"4-3-3"阵型中,因为中场如果只有3个人,后防将非常吃紧,因此,"4-4-2"阵型减少一个前锋,增加一个中场,因此"4-4-2"指的就是4个后卫,4个中场,2个前锋(图4-3-8)。

【特点】"4-4-2"的中场担负防守的任务,同时还要负责支援前线的两名前锋,其余球员负责支援后卫及控制节奏。不过此阵型依赖强大的中场,如果没有中场大师,将十分平庸。

图 4-3-8

【对策】如果中场强大,就可绕道而行,使用"3-5-2"边路进攻;如果后防能力强且多的话,就用"5-4-1"打防守反击。

3)"5-3-2"阵型。

【简介】前面说过,由于中场吃紧,所以从"4-3-3"变成了"4-4-2",一个前锋撤回变成了中场,然而这样还是不能保证后防的稳固,那就只有再回撤,从"4-4-2"变成了"5-3-2"。"5-3-2"指的就是5个后卫,3个中场,2个前锋,也就是著名的防守反击打法,俗称"摆大巴"(图4-3-9)。

4)"3-5-2"阵型。

【简介】与后防相比,其实中场更为重要,所以阿根廷队在1986年最先创造了此阵型,以强大的中场调控能力来控制比赛,中场人数多,力量强,夺取中场者得天下。"3-5-2"中场强大,能攻能防。但是人数是有限的,中场人多了,后卫自然就少了,总体攻强守弱,所以用普通的"4-4-2"狂轰滥炸就可以爆掉其后防(图4-3-10)。

图 4-3-9

图 4-3-10

5)"4-3-2-1"阵型。

【简介】该阵型从最古老的"4-3-3"演变而来,不过撤掉了2个前锋,变成了5个中场,只不过那两个人同时成为了边锋,所以该阵型的意思是4个后卫,3个中场,2个中锋和1个前锋,也叫作"圣诞树"阵型(图4-3-11)。前面说过"4-3-3"的优势是攻击力较强,但劣势就在于中场人数少,只有3个人。所以"4-3-2-1"便在"4-3-3"的基础上进行了改革,根据中场人数少的问题,撤回两个中场。但是由于此阵型脱胎于"4-3-3",所以还是有着"4-3-3"的缺点,采用防守反击战术就可以延缓其攻击性,以柔克刚。

图4-3-11

六、足球技术水平的评价参考

1. 单项指标与权重

2016年6月,教育部办公厅印发了《全国青少年校园足球教学指南(试行)》和《学生足球运动技能等级评定标准(试行)》的通知,基于此文件,提供了青少年足球一、二级的评分内容与标准(表4-3-1)。

表4-3-1 足球运动技能等级评定单项指标与权重

等级	单项指标	权重/%
一级	颠球、踩拨球	10
	往返运球	25
	踢准	25
	冲刺跑	15
	小场地比赛	25

续表

等级	单项指标	权重/%
二级	脚背正面颠球	10
	绕杆运球	25
	踢准	20
	折线跑	15
	小场地比赛	30

2. 测试方法与要求

1）一级测试方法。

（1）脚背颠球、双脚交替踩球和脚内侧拨球。

【测试场地】平整的人工草或天然草足球场,5米×5米区域。

【测试方法】

脚背颠球:听测评员口令后,把放在原地的足球,用脚踢起或用手抛起,单脚或双脚脚背进行颠球,球落地可重新开始,球颠出规定区域则停止测试,测评时间不超过1分钟。

双脚交替踩球:听测评员口令后,用双脚前脚掌连续交替做踩球动作,球保持原地或移动状态皆可。球失去控制可重新开始,球出规定区域则停止测试,测评时间不超过1分钟。

双脚脚内侧拨球:听测评员口令后,用双脚脚内侧连续进行横向拨球动作,运动员原地拨球或移动状态皆可。球失去控制可重新开始,球出规定区域则停止测试,测评时间不超过1分钟。

【评分方法】测评员根据学生控球能力表现进行评分,评分为整数分,满分为10分。

（2）往返运球。

【测试场地】平整的人工草或天然草足球场,10米×5米区域。

【测试方法】听测评员口令后,从起始线开始快速运球,绕过距离起始线10米处的标志桶后运球返回,以脚踩球于起始线上结束。

【评分方法】测评员计时,球动开表,球踩到线上停表。根据评分标准打分,测试两次,记录其最佳成绩。如图4-3-12所示。

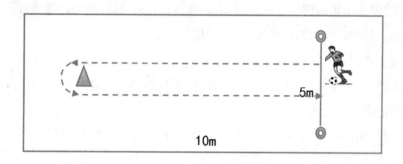

图 4-3-12

（3）踢准。

【测试场地】平整的人工草或天然草足球场，10 米×6 米区域。球门距起始线 8 米，球门尺寸 1.5 米×1 米，球门和球门之间相距 0.5 米。如图 4-3-13 所示。

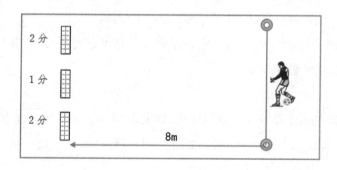

图 4-3-13

【测试方法】听测评员口令后，在起始线上用脚内侧踢地滚球的方式将球踢进距起始线 8 米处的三个足球门，每人 5 球。

【评分方法】测评员计分，踢进中间球门得 1 分，踢进两侧球门得 2 分，按照每个球踢进球门的分数累计相加得出最后分数。测试两次，记录其最佳成绩。

（4）冲刺跑。

【测试场地】平整的人工草或天然草足球场，20 米×5 米区域。如图 4-3-14 所示。

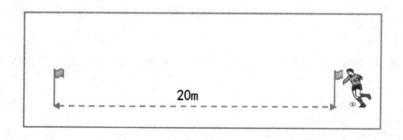

图 4-3-14

【测试方法】测试学生采用站立式起跑,听测评员口令后,加速跑冲过终点线。

【评分方法】测评员计时,测试两次,记录其最佳成绩。

(5)小场地比赛。

【比赛形式】5 人制,4 号球,比赛时间 15 分钟,比赛场地和竞赛规则参照国际足联最新审定的《五人制足球竞赛规则》。

【比赛评分】三名测评员对测试学生进行比赛评分,满分为 10 分,以三人的平均分作为该学生的最终比赛评分。评分标准参照表 4-3-4。

2)二级测试方法

(1)脚背正面颠球。

【测试场地】平整的人工草或天然草足球场,划定 5 米×5 米区域。

【测试方法】听测评员口令后,把足球用脚踢起或用手抛起,运用脚背正面进行颠球,球落地或球颠出规定区域则停止测试,测评时间不超过 1 分钟。

【评分方法】测评员记录学生颠球次数,并根据评分标准进行评分,评分为整数分,满分为 10 分。测试两次,记录最佳成绩。

(2)绕杆运球。

【测试场地】平整的人工草或天然草足球场,划定 25 米×5 米区域。起点距第一个杆距离 4 米,其余杆距 2 米,起点距终点 20 米。如图 4-3-15 所示。

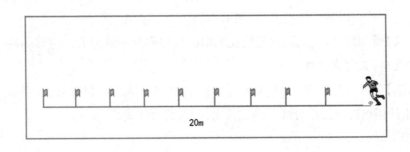

图 4-3-15

【测试方法】听测评员口令后,从起始线开始运球出发,依次绕过间隔 2 米的 8 个标志杆,以运球过终点线结束。

【评分方法】测评员计时,对照评分标准给予相应成绩,测试两次,记录最佳成绩,漏杆则成绩无效。

(3)踢准。

【测试场地】平整的人工草或天然草足球场,12 米×6 米区域。球门距起始线 10 米,球门尺寸 1.5 米×1 米,球门和球门之间相距 0.5 米。如图 4-3-16 所示。

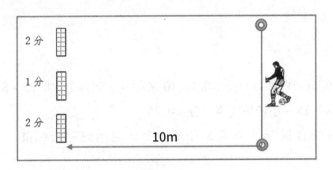

图 4-3-16

【测试方法】听测评员口令后,在起始线上用脚内侧踢地滚球的方式将球踢进距起始线10米处的三个足球门,每人5球。

【评分方法】测评员计分,踢进中间球门得1分,踢进两侧球门得2分,按照每个球踢进球门的分数累计相加得出最后分数。测试两次,记录其最佳成绩。

(4)折线跑。

【测试场地】平整的人工草或天然草足球场,22米×5米区域。起点终点距离20米,标志杆宽间距4米,长间距8米。如图4-3-17所示。

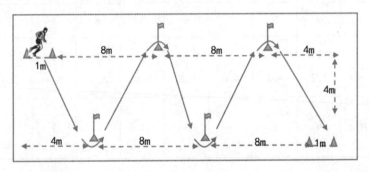

图 4-3-17

【测试方法】听测评员口令后,从起始线站立式起跑,按顺序依次绕过标志杆外侧,冲过终点线。运球启动开表,冲过终点停表。

【评分方法】测评员计时,对照评分标准给予相应成绩,测试两次,记录最佳成绩,碰倒杆或漏杆则成绩无效。

(5)小场地比赛。

【比赛形式】5人制,4号球,比赛时间15分钟,比赛场地和竞赛规则参照国际足联最新审定的《五人制足球竞赛规则》。

【比赛评分】三名测评员对测试学生进行比赛评分,满分为10分,以三人的平均分作为该学生的最终比赛评分。评分标准参照表4-3-4。

3. 评分表

1)一级评分表。

技能综合评分:颠球或踩拨球得分×0.1+10米往返运球得分×0.25+8米踢准得分×0.25+20米跑得分×0.15+小场地比赛得分×0.25。

一级达标分值:综合得分达到7.5分及以上认定达到一级标准。一级评分表见表4-3-2。

表4-3-2 一级评分表

测评内容	单位	单项得分									
		10	9	8	7	6	5	4	3	2	1
颠球、踩拨球	(分)	10	9	8	7	6	5	4	3	2	1
往返运球	(秒)	≤7.2	7.3~8.0	8.1~9.2	9.3~10.0	10.1~11.1	11.2~11.9	12.0~12.7	12.8~13.3	13.4~14.3	14.4~15.1
踢准	(分)	10	9	8	7	6	5	4	3	2	1
冲刺跑	(秒)	≤4.0	4.1~4.2	4.3~4.4	4.5~4.6	4.7~4.8	4.9~5.0	5.1~5.2	5.3~5.4	5.5~5.6	5.7~5.8
小场地比赛	(分)	10	9	8	7	6	5	4	3	2	1

2)二级评分表。

技能综合评分:脚背正面颠球得分×0.1+20米绕杆运球得分×0.25+10米踢准得分×0.2+折线跑得分×0.15+小场地比赛得分×0.3。

二级达标分值:综合得分达到7.5分及以上认定达到二级标准。二级评分表见表4-3-3。

表4-3-3 二级评分表

测评内容	单位	单项得分									
		10	9	8	7	6	5	4	3	2	1
脚背正面颠球	(个)	≥35	29~34	24~28	19~23	15~18	11~14	7~10	5~6	4	3

续表

测评内容	单位	单项得分									
		10	9	8	7	6	5	4	3	2	1
绕杆运球	（秒）	≤9.3	9.40~10.0	10.1~10.2	10.3~11.6	11.7~12.8	12.9~13.9	14.0~14.7	14.8~15.8	15.9~16.9	17.0~18.0
踢准	（分）	10	9	8	7	6	5	4	3	2	1
折线跑	（秒）	≤8.8	8.9~9.1	9.2~9.3	9.4~9.6	9.7~9.9	10.0~10.2	10.3~10.5	10.6~10.9	11.0~11.7	11.8~12.5
小场地比赛	（分）	10	9	8	7	6	5	4	3	2	1

3）比赛评分标准。

比赛评分标准见表4-3-4。

表4-3-4　比赛评分标准

分值	10~9分	8~7分	6~5分	5分以下
参考标准	比赛中技术动作运用合理规范；攻防意识突出，善于和同伴配合；跑动积极，比赛作风优良，心理状态稳定，充满比赛热情	比赛中技术动作运用较为合理；攻防意识表现较好，能够和同伴队友配合；跑动较为积极，比赛作风良好，心理状态稳定	比赛中技术动作运用基本合理；攻防意识一般，和同伴协作较少；比赛作风一般，心理状态较为稳定	比赛中技术动作运用不合理，完成动作不规范；攻防意识较差，协作能力较差；跑动不积极，比赛作风较差，心理状态不稳定

灵巧主导类业群体育与健康

学习目标

1. 了解灵巧主导类业群的素质要求特点,能积极参加体育锻炼;
2. 掌握一两项运动技能,学会自我锻炼的方法;
3. 促进身心健康发展,提高职业素养,增加社会适应和职业能力。

项目5 灵巧主导类业群体育与健康概述

一、岗位应用性体育与健康

1. 岗位应用性体育与健康的特点

灵巧主导类职业(现在的专业对应未来的第一职业岗位),从工作身体姿态看,以伏案型、站立型为主。运动负荷表现为肌肉工作强度中等,参与工作的肌肉群多为中小肌肉群,以上肢手臂、手指运用为多,辅以腿脚腰的灵活性,对局部肌肉灵敏协调、柔韧、中小力量耐力和动作速度等身体素质要求较高。例如:人物形象设计、电子技术应用类职业对手腕力量、手指协调性,动作的灵敏性要求较高;电子技术应用相关专业要求快速完成动作的灵敏性、灵敏性和协调性,对上肢力量、肩背肌力量和下肢耐力要求较高;宝玉石鉴定与加工、计算机应用技术类职业特点对腰背肌肉静力性耐力、手指协调性、动作的准确性、触觉的敏感性、注意力的专注及反应能力要求较高。通过分析,灵巧主导类业群岗位应用性体育主要以局部肢体灵敏、协调、柔韧素质为主。特别是手指、手腕、前臂、肩、躯干肌肉收缩与舒张能力,柔韧和灵活协调性,关节伸张、外展和内旋、上下活动范围耐力能力,发展机体中中低强度的有氧代谢能力。运动中的本体空间感觉、平衡稳定与准确性,应急应变,神经系统传导反应能力,提高目测和注意力集中,心理耐疲劳和手眼身法步结合,脑体并用配合能力,注意持之以恒的优良品质,乐观心态培养,提高适应灵巧性工作岗位的身体需求。

2. 岗位应用性体育与健康的主要内容

(1)专门性灵敏素质训练。主要包括上肢灵敏素质训练、腰部灵敏素质训练、下肢灵敏素质训练。

(2)综合性灵敏素质训练。主要包括球类训练、各种球的起球技术训练、武术、平衡素质训练。

3. 岗位应用性体育与健康的注意事项

(1)内容选择具有针对性。灵巧主导类业群岗位应用性体育的选择主要以体现局部小肌肉群活动较多,其运动特点特别能体现灵敏性、协调性、平衡性等特点。学习时要能结合职业特点进行消化理解与应用。

(2)学习要有发散性。限于学校场馆设施、师资条件、教材篇幅等,本书并不能把一些灵巧性特点突出的项目尽列其中,只是告诉学习者为什么学,学习什么,怎么学的问题,重在为学习者提供指导。

二、岗位补偿性体育与健康

1. 岗位补偿性体育与健康的特点

灵巧主导类职业(现在专业对应未来第一劳动岗位而言)共性特点:工作时运动负荷中等,介于脑体中间,明显表现出灵敏特征,手脑并用,对于注意力及手指的灵巧、准确要求较高,以加强注意力的锻炼和局部小肌肉群的锻炼为主,而非应用性身体肌肉群等机体器官功能就会相对下降,甚至被忽视。由于工作时身体姿势常常以长时间保持站姿或坐姿为主,背部、颈椎、肩关节易紧张,容易导致颈部劳损、下肢静脉曲张等职业病,可加强肩、颈、背、下肢力量训练。对于工作环境而言,部分未来从事工作的环境以高温、高噪声、粉尘多为主,容易产生皮肤病、肺部疾病,可加强户外运动以及有氧运动,以增强人体对不同环境的适应能力,适度进行跳跃、攀爬、快速跑、绝对力量的训练,提高机体器官大负荷适应能力。

2. 岗位补偿性体育与健康的主要内容

(1)预防运动"饥饿"补偿。如腰部、下肢等部位力量训练等内容。

(2)常见职业病及预防保健。如射击颈、静脉曲张预防保健等方法内容。

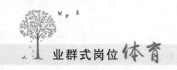

3. 岗位补偿性体育与健康的注意事项

(1)融会贯通,学习补偿性体育。为了避免训练方法的简单重复,灵巧主导类业群腰部和下肢力量训练不再安排,根据需要可从体能主导类应用部分训练手段中汲取营养,调整训练时运动负荷而已,具体要听从体育老师建议。对于职业病的体育保健方法只列举射击颈、静脉曲张预防保健两例,其实,在实际工作中远不止这些,与体能主导类或心智主导类可能重复的就不再列举,学习者可参照其他主题中职业病的体育预防措施。如肩周炎,椎间盘突出等职业病。

(2)领会"补偿"与"应用"的统一性。由于学校专业设置差异性,同样是灵巧主导类专业,有的专业补偿性内容,在另一灵巧主导类专业却属于应用性内容,这种交叉在所难免。为了避免此类现象重复,在灵巧主导类岗位"应用性"部分,尽可能地列出主要部分身体素质训练方法,而岗位"补偿性"内容涉及此方面素质,可参照灵巧主导类岗位"应用性"内容,不再重复,具体由学习者根据自己目前专业,对应未来职业岗位作出选择和应用。

三、岗位拓展性体育与健康

1. 岗位拓展性体育与健康的特点

灵巧主导类业群对劳动者的灵巧素质要求较高,岗位拓展性体育与健康运动项目选择应能体现三大特点:一是满足岗位技能生成需要,有利于直接促进灵巧主导类职业岗位技能的生成和未来职业的发展;二是满足个体兴趣需求,有利于促进课堂体育转化为课外体育,内化为自觉体育行动,而终身受益;三是满足特殊岗位需求,有利于特殊岗位对特殊技能的要求和必备的应用能力,如航海运输业中的游泳。

2. 岗位拓展性体育与健康的主要内容

(1)拓展兴趣;
(2)拓展特殊技能;
(3)拓展职业素养。

灵巧主导类业群岗位拓展性运动项目,建议应侧重于乒乓球、羽毛球、网球、毽球、健美操、轮滑、空竹、武术套路、灵敏性游戏等灵巧性特点明显的运动项目。

3. 岗位拓展性体育与健康的注意事项

(1)体育内容选择具有相近性。乒乓球、羽毛球、武术、健美操等项目,其局部小肌肉群活动较多,其运动特点特别能体现灵敏性、协调性特点,与灵敏主导类专业的工作应用性特点相近。学习时要能结合自己的专业工作特点进行消化理解与应用,既可系统学习,也可适当加大某一部分的技术片段学习。

（2）学习要有发散性。一是限于学校场馆设施、师资条件、教材篇幅等,并不能把一些灵巧性特点突出的项目尽列其中,学习时要能融会贯通,举一反三。二是就兴趣而言,灵巧主导类与体能主导类,心智主导类专业学习者都可以一样喜欢某一项目,作为兴趣爱好进行发展之间没有鸿沟,不要产生误解,认为灵巧主导类专业的同学就不能爱好其他体育项目了。

项目6　灵巧主导类岗位应用性体育与健康

任务一　专门性灵敏素质训练

一、上肢灵敏素质训练

1. 训练一：手指灵活操

第一节：揉捏手指（图6-1-1）。

吐气握拳，用力吸足气并放开手指，用一手的食指和拇指揉捏另一手指，从大拇指开始，每指做10秒。

图6-1-1

第二节：急速伸指（图6-1-2）。

吸足气用力握拳。握拳时将拇指握在掌心。用力吐气同时急速依次伸开小指、无名指、中指、食指、拇指。双手均五次。

图 6-1-2

第三节:刺激穴位(图6-1-3)。

刺激各指端穴位。用其余各指依次按压拇指。用拇指按压各指指根。

图 6-1-3

第四节:伸张手指(图6-1-4)。

双手手腕伸直,使五指靠拢,然后张开,反复做若干次。

第五节:按压手指(图6-1-5)。

抬肘与胸平,两手手指相对,互相按压,用力深吸气,特别是拇指和小指要用力。边吐气,边用力按。

第六节:互勾侧拉(图6-1-6)。

将腕抬到与胸同高的位置上,双手对应手指互勾,用力向两侧拉。

图 6-1-4　　　　图 6-1-5　　　　图 6-1-6

第七节:依次触拇(图6-1-7)。

用右手的拇指与左手的食指、右手的食指与左手的拇指交替相触,使两手手指交替运动,熟后加速。再以右手拇指与左手中指,左手拇指与右手中指交替作相触的动作,依次类推一直练做到小指。

图6-1-7

第八节:握手转腕(图6-1-8)。

双手手指交叉相握,手指伸向手指,以腕为轴来回自由转动。

图6-1-8

二、腰部灵敏素质训练

1. 训练一:旋转呼啦圈

动作步骤(图6-1-9):

(1)先把呼啦圈放在腰部;

(2)双手抓住呼啦圈的两侧防止呼啦圈滑落;

(3)(以向左摇为例)右手稍微抬高,首先向右边做一回转起势,然后向左边一甩,快速扭动腰部。

动作要领:拉——甩——摇。

图 6-1-9

2. 训练二:腰功训练

(1)前俯腰(图 6-1-10)。

并步站立,两手十指交叉,直臂上举,手心向上;上体前俯,挺胸,塌腰,两手尽力触地。再两手松开,用两手绕过双腿,抱住两脚跟部,尽量使自己的上体、脸部贴紧双腿。

学练要点:两腿挺膝伸直,上体前俯时,挺胸、塌腰、收髋。

图 6-1-10

(2)甩腰(图 6-1-11)。

开步站立,两臂伸直前举,以腰为轴,上体做前后屈和甩腰动作,两臂也随之甩动。

学练要点:两腿伸直,腰部放松,后甩时抬头挺胸,甩腰动作紧凑而有弹性。

(3)涮腰(图 6-1-12)。

两脚开立,略宽于肩,上体前俯,以髋关节为轴,两臂向左前下方伸出。然后挥动两臂,随上体向前、向右、向后,再向左做翻转绕环。左右涮腰交替进行。

学练要点:两腿伸直,以腰为轴,翻转绕环圆活、和顺。

(4)下腰(图 6-1-13)。

两脚开立同肩宽,两臂伸直上举;腰向后弯,抬头,挺腰,双手撑地,身体呈桥形。

学练要点:两脚支撑站稳,膝关节尽量挺直,腰部后弯上顶,脚跟不能离地。

图6-1-11

图6-1-12

图6-1-13

三、下肢灵敏素质训练

1. 训练一:腿部健美操

(1)起立、移动、弹踢、下压8×8拍。

预备姿势:并腿站立,两手叉腰。

第一个八拍(图6-1-14):

1~2拍,双足起踵,还原。3~4拍、5~6拍、7~8拍同1~2拍。

图6-1-14

第二个八拍同第一个八拍。

第三个八拍(图6-1-15):

1~8拍,双脚跟同时向外、内移动。

图 6－1－15

第四个八拍同第三个八拍。

第五个八拍如图 6－1－16 所示。

第六个八拍同第五个八拍。

第七个八拍(图 6－1－17)：

1～2 拍,左腿向左侧下弹踢。3～4 拍,右腿向右侧下弹踢。5～8 拍同 1～4 拍。1～2 拍,分腿下蹲。3～4 拍、5～6 拍、7～8 拍同 1～2 拍。

第八个八拍(图 6－1－18)：

1～2 拍,左腿向前下弹踢。3～4 拍,右腿向前下弹踢。5～8 拍同 1～4 拍。

图 6－1－16　　　　　图 6－1－17　　　　　图 6－1－18

(2)仰、俯卧摆小腿 4×8 拍。

预备姿势:仰撑,屈腿。

第一个八拍(图 6－1－19)：

1～2 拍,左腿向上用力弹踢。3～4 拍,换右腿向上用力弹踢。5～8 拍同 1～4 拍。

第二个八拍同第一个八拍,但节奏快一倍。

第三个八拍(图 6－1－20)：

1~2拍,俯撑,右腿用力向后上弹踢。3~4拍同1~2拍,但换左腿做。

第四个八拍同第三个八拍,但节奏快一倍。

图6-1-19　　　　　图6-1-20

(3)马步大腿内、外摆,高抬腿跳4×8拍(图6-1-21)。

预备姿势:马步,两手叉腰。

第一个八拍:

1~2拍,大腿向内旋;3~4拍,大腿向外旋;5~8拍同1~4拍。

第二个八拍同第一个八拍,但速度快一倍。

第三个八拍:

1~2拍,左腿向上抬,右脚原地跳一次,还原。3~4拍,右腿向上抬,左脚原地跳一次,还原。5~8拍同1~4拍。

第四个八拍同第三个八拍,但速度快一倍。

图6-1-21

(4)坐撑抬腿8×8拍(图6-1-22)。

预备姿势:坐撑,两腿并拢。

第一个八拍:

1~4拍,两腿屈膝,大腿尽量向胸部靠拢,还原。5~8拍同1~4拍。

第二个八拍同第一个八拍,但节奏快一倍。

第三个八拍:

1~2拍,两手扶膝压大腿,还原。3~4拍、5~6拍、7~8拍同1~2拍。

第四个八拍同第三个八拍。

第五个八拍:

1~2拍,侧卧撑,左腿屈膝抬大腿,还原。3~4拍、5~6拍、7~8拍同1~2拍。

第六个八拍:

1~2拍,侧卧撑,左腿向侧摆,还原。3~4拍、5~6拍、7~8拍同1~2拍。

第七、八个八拍同第五、六个八拍,但换右腿做。

图6-1-22

(5)大腿踢8×8拍(图6-1-23)。

预备姿势:并腿站立,右手扶墙,左手叉腰。

第一个八拍:

1拍,左腿向前大踢腿。2拍,左腿下落,还原。3~4拍、5~6拍、7~8拍同1~2拍。

第二个八拍:

1拍,左腿向左侧大踢腿。2拍,左腿下落,还原。3~4拍、5~6拍、7~8拍同1~2拍。

第三个八拍:

1拍,向右转体90°,两手扶墙,上体稍前倾,同时左腿向后大踢腿。2拍,左腿下落,还原。3~4拍、5~6拍、7~8拍同1~2拍。

第四个八拍同第三个八拍,但做第八拍时,左腿下落,并向右转体90°站立,左手扶墙,右手叉腰。

第五、六、七、八个八拍同第一、二、三、四个八拍,但换右腿进行。

要求:除动力腿以外,其他部位保持不动。摆、踢时要有力度和停顿,幅度逐渐加大。

图 6 - 1 - 23

2. 训练二：腿功训练

（1）正压腿（图 6 - 1 - 24）。

面对一定高度的物体，左脚跟放在物体上，脚尖勾起，两腿伸直，两手扶按在左膝上，或用两手抓握左脚，然后上体立腰向前下方振压，用头顶尽量触及脚尖。两腿交替进行。

学练要点：两腿伸直，立腰挺胸前压。

（2）后压腿（图 6 - 1 - 25）。

背对一定高度的物体，两手叉腰，右腿支撑站立，左腿后伸，脚背放到物体上，两腿伸直，上体向后下振压，并逐渐增大振压幅度。两腿交替进行。

学练要点：两腿伸直，立腰挺胸，头随上体后仰。

（3）仆步压腿（图 6 - 1 - 26）。

右腿屈膝全蹲，全脚着地；左腿向左侧伸直，脚尖内扣；两手分别抓住两脚脚背，成左仆步；腰部挺直，左转前压。左右仆步交替进行。

学练要点：直腰抬头，一腿全蹲，另一腿伸直，两脚压紧地面。

图 6 - 1 - 24　　　　　图 6 - 1 - 25　　　　　图 6 - 1 - 26

任务二　综合性灵巧素质基础训练

一、球类训练

1. 训练一：篮球

（1）单手体前向侧挥摆球。两脚左右开立，双手持球于体前，训练时左手将球推交右手，右手顺势将球引摆至体侧，然后再将球拉回在体前交左手，向左侧挥摆。挥摆球的高度，开始可要求至侧平举部位，再要求摆至极限。

（2）单手托球经腋下、头上绕环。两脚左、右开立，右手持球，上臂自然下垂，前臂平举托球。绕环时，肘关节外展并上提，同时手掌托球内旋，球经腋下至反手托球时，手迅速顺球向前侧向左后侧绕环举起，再将球向右下落成开始姿势。再交左手训练。

（3）原地绕腿8字推滚球。两腿左、右开立宽于肩，将球置于右脚前。训练时，用右手从球前向后拉推，使球沿地面向后滚动，经右脚外侧至腿后时，改推球侧后使球绕右腿从胯下向前滚动，至体前改用左手推滚球再绕左腿。依此连续进行绕腿成8字。

（4）双手向上抛球后击掌。抛球方法同上。向上抛球后双手在头上，体前或体后击掌。在球未落地前将球接住，看谁击掌次数多。

（5）双手过顶抛接球。两腿左右开立，双手持球于背后。利用提肘抖腕、小臂外旋的力量将球抛起，经头上在体前落下，双手将球接住。

（6）行进间胯下8字交接球。两脚左右开立，略宽于肩，持球于膝前。训练时，向前迈出右腿，同时左手持球在两腿中间将球交右手，左脚继续向前行进，右手持球绕经右腿外侧再将球在两腿间将球交左手，依此前进做胯下8字交接球。行进速度可由慢渐快，方向亦可不断变换。

2. 训练二：排球

（1）手指顶球旋转。方法：以右手为力，右手将球托起，手腕带动手指用力，将球做激烈的旋转后，立即敏捷地用食指顶住球的下部，使球在指尖上旋转，左手可帮助旋转。

（2）两膝夹球移动。方法：将球放在两膝之间夹住，重心低，不要低头，前脚掌着地，跟随老师的手势做前、后、左、右的脚步移动（可用于步法移动训练）。

（3）仰卧起坐传接球。方法：两同伴相距2~3m，各自仰卧垫上，同时做仰卧起坐，甲同学双手持球于头上做仰卧起坐,起身时将球抛于同伴,乙接球后重复甲的动作(可用于身体素质训练)。要求:①控制球出手时机,不宜过早;②能力相近的同学分为一组。

(4)两人单手投接球(模仿掷铅球)。方法:以右手为例,两人相距3~5m,右手持球,身体侧面站立,做2~3步侧滑步,同时右臂经后向前将球投出,熟练后换左手训练。

(5)跳起接反弹球,落地掷球。方法:两人一组,甲跳起接同伴乙掷来的反弹球,乙持球双手将球举起,向前下方对地掷球,使球反弹到同伴手里。

(6)移动触球。方法:二人一组,面对面相距4m,甲将球放在地上向乙的两侧进行地滚球,乙采用适当的准备姿势快速移动,力争在最短的时间手触球,然后将球返回来球处,反复进行训练。

(7)游戏"地滚球"接力赛。方法:将全班同学分成人数相等的若干组,以纵队形式站在排球场端线后,听到老师的信号后,排头同学把球放在体前,以低姿势两手心一边贴着球一边前进,将球运到端线后返回,再将球交给下一位同学,依此类推,先完成者为胜。

(8)游戏"手球"比赛。方法:将同学分成人数相等的两组,分别站在中线两端,听到教师的口令后,持球为进攻方,将球单手传给同伴,同伴互传合作,最后单手射中对方的球门可得一分,指定训练时间,以得分多少决胜负。

要求:①传球时不能将球落地,否则判失误,对方边线发球;②不准抱球全场奔跑。

3. 训练三:足球

(1)胯下左、右脚传球。动作:上体直立,两脚左右开立,大于肩宽,足球放在两脚之间,靠在右脚内侧处。动作开始后,用右脚内侧把球传至左脚内侧,传完球后右脚立刻落地支撑,这时左脚内侧传球回右脚,传完球后立刻落地支撑。这样,两脚交替在胯下进行传球训练。

(2)左、右脚交替踩球。动作:身体直立,两脚前后开立,左脚支撑身体,右脚前脚掌踩球的上部。动作开始后,两脚做一个交换跳动作,使左脚踩在球的上部,右脚支撑,这样两脚连续做交换跳训练。

(3)左、右脚交替向后拉球。动作:上体直立,两脚前后开立,左脚支撑身体,右脚踩在球的上部。动作开始后,右脚踩球向后拉球使球向后滚动,拉完球后落地支撑身体,这时,右脚踩球的上部向后拉球,拉一下后马上落地支撑身体。这样,两脚交替向后做踩球拉球和落地支撑训练。

(4)侧身用脚底滑球向前滚动。动作:侧对前进行方向,左脚支撑身体,右脚踩球的上部。动作开始后,右脚踩球的上部,用脚底滑动球向左侧滚动,当右脚滑球落地后,左脚马上向左侧跨一步支撑身体后,右脚再做踩球向前滚动,两脚按各自的动作做交替训练。

(5)手抛脚接球训练。动作:身体直立,双手持球于胸前,双手把球向身体前上方抛起

(超过头一米左右),当球达到一定高度下落时,首先要判断好球的落点、速度、力量,迅速抬右腿用脚在空中接球(脚离地为50厘米左右),当球与脚要接触时迅速压腿缓冲来球,使球停在右脚上。

4. 训练四:羽毛球

(1)颠球。

①原地正面颠球、反拍面颠球、斜面颠球;

②行进间正面颠球、反拍面颠球、斜面颠球;

③用正面颠球、反拍面颠球、斜面颠球进行交替颠球;

④用小球拍正面颠球、反拍面颠球、斜面颠球。

(2)捡球。

①自抛、自接训练;

②用手中的球拍将地上的羽毛球挑起到球拍面上;

③捡球游戏:一手持拍,一手拿纸篓,用手中的球拍将地上的羽毛球挑起装入纸篓,计时看谁捡得多。

(3)击球。

①对墙击球,因球弹回的轨迹是不确定的,熟悉它的路线,同时也可以训练手臂瞬间的反应和爆发力;

②按要求将球击到场地的不同位置;

③将球击打移动的靶子(一人在场地拿靶子移动,另一人发球击打);

④左右开弓击打球:双手各持一只羽毛球拍,用任意一球拍将球向上击出;

⑤一正一反的颠球中,用上手击球法把球向高处击打,要求尽量把球击打的直上直下;

⑥用球拍从地上捡球,正、反手将球竖直向上击球。

5. 训练五:乒乓球

(1)自抛自接。方法:学习者将球置于左手掌心,在身体前垂直向上抛起80~100cm左右高度,然后伸右手接住球。在球被抛起到被接住的这段时间内,训练者可以做连续击掌动作来丰富此训练内容。在此基础上,可以将右手动作改做成正手攻球的拉手动作。然后,再训练左手腹前垂直向上抛球,右臂在腰腹的带动下,向左前上方挥摆作抓球动作。

(2)抓反弹球。方法:学习者原地站立,手持一球,可以掷向地面,然后抓住。也可以离开墙面一定距离,接住掷向墙壁的反弹球。

作用:此训练可以培养学习者的眼睛与手的配合能力,有利于学习者掌握球的反弹规律及手掌、手指接触瞬间的感觉。

(3)手掌击球。方法:学习者伸出手掌,前臂与上臂夹角约90°,用伸平绷直的手掌连续击球。另外,熟练者可以尝试手心、手背交替击球。体会手掌的松紧程度对球弹跳状态的影响;体会手掌与地面的角度变化对球弹跳方向的影响。

(4)颠球。方法:此方法要持拍训练,经过一段时间的球性训练后,假如有的学习者还不能在球拍上连续颠球,那么就可以进行本训练作为过渡性训练。训练者右手执拍于胸腹之间,击球拍面平行于地面,左手持球于拍面正上方30cm左右,左手放球的同时,右手执拍向上击球,球上升到最高点后,在下落过程中,左手抓住球,就这样,重复多次,保证每次击球平稳,弹起高度合适。然后,逐渐增加,连续颠击两个、三个,直到可以较好地控制击球力量和方向。

颠球训练克服了学习者不能连续稳定击球的心理负担,将复杂的问题简单化,此训练有利于学习者控制和稳定自身的击球动作和击球心理。熟练后可以拓展到原地连续颠球—慢跑中连续颠球—走动中正、反拍面交替击球。

(5)对墙击球。方法:用稍后仰的拍形角度进行对墙连续击球,训练者离墙面的距离以自认为合适为宜,一般在150cm左右。此训练可细分为三个层次:第一层次是对墙连续击球不规定落点区域;第二层次是对墙连续击球于墙上的半径10cm的圆圈内或边长为20cm的正方形内;第三层次是训练者按一定顺序或者有选择地击中墙上的上、下、左、右不同大小的目标范围内。作用:此训练是球性训练的较高境界,可以培养学习者的落点意识和击球精准度。

二、武术

1. 训练一:少林拳——罗汉十八手

动作名称及顺序:

动作名称:①父子恭手;②金丝缠腕;③白虎洗脸;④泥里拔葱;⑤上步推墙;⑥泥里拔葱;⑦关公勒马;⑧左崩肘;⑨右崩肘;⑩泥里拔葱;⑪金鸡独立;⑫猛虎转身;⑬双手推山;⑭黑虎掏心;⑮双关铁门;⑯冲心肘;⑰泥里拔葱;⑱金交剪势。

预备势:并步站立。两臂自然下垂,两掌附于大腿外侧,掌心向里,身胸挺直,目视前方。如图6-2-1所示。

(1)父子恭手。抬左脚向左半步,同时两手由下、由外、向上、向内屈肘交叉亮掌,高与肩平,右手在外,左手在内。目视前方。如图6-2-2所示。

(2)金丝缠腕。两脚不动。两手向下、向外往内摩腕缠手,左手在外,右手在内,高与肩平,目视前方。如图6-2-3所示。

图6-2-1　　　　　　图6-2-2　　　　　　图6-2-3

（3）白虎洗脸。两手向上、向外、向下、向内、向右翻腕，同时向脸部划弧，然后向左屈肘成上插手，高与肩平，目视前方。如图6-2-4所示。

（4）泥里拔葱。震右脚，收左脚落右脚内侧，脚尖点地，两腿微蹲成虚步，同时右手在胸前划弧，然后向左屈肘亮掌，停于左肩前；左掌向左下侧劈掌。目视左侧。如图6-2-5所示。

（5）上步推墙。左脚向左跨一步，以两脚为轴，体向左转90°。右脚向前上一步，左腿屈膝半蹲，右腿蹬直，使两腿成右弓步。同时两掌向前微屈肘推出，掌心向前，掌指向上。目视两手。如图6-2-6所示。

图6-2-4　　　　　　图6-2-5　　　　　　图6-2-6

（6）泥里拔葱。左脚向前一步，两手向前往下拍打，然后体向右转90°。收左脚落右脚内侧成丁字步。右掌向左屈肘推手，左手向左侧下方劈掌，两腿微蹲。目视左侧。如图6-2-7所示。

（7）关公勒马。左脚向左跨一步，两腿半蹲成马步，同时两掌向左侧抓，然后往后拉再变掌，向左侧屈肘推出。目视左手。如图6-2-8所示。

（8）左崩肘。以两脚为轴，体向左转90°，使两腿成左弓步。同时左掌变拳，向前屈肘前

97

扛,右臂向内屈肘;右掌附左拳。目视左肘尖。如图 6-2-9 所示。

图 6-2-7　　　　　　　图 6-2-8　　　　　　　图 6-2-9

(9)右崩肘。抬右脚向前上一步,身体左转 180°,使两腿成右弓步。同时右掌变拳,向内屈肘前扛,左拳变掌,向内屈肘,左掌附右拳。目视右肘尖。如图 6-2-10 所示。

(10)泥里拔葱。以两脚为轴,体向左转 90°,抬左脚向内收一步,与右脚并拢,脚尖点地成左丁字步。同时右拳变掌,向左屈肘亮掌;左掌向左侧下方劈出。目视左侧。如图 6-2-11 所示。

(11)金鸡独立。抬右脚向右跨一步,体向右转 90°。再抬右腿向前提膝,同时两掌向前翻肘抢出,掌心向上。目视右手。如图 6-2-12 所示。

图 6-2-10　　　　　　　图 6-2-11　　　　　　　图 6-2-12

(12)猛虎转身。右脚下落左脚前一步,体向左转 180°,抬两脚向前跳步,左脚落右脚前落成左弓步,同时两掌向前插推出。目视两手。如图 6-2-13 所示。

(13)双手推山。左脚向后退一步,体向左转 90°,两腿屈膝成马步。同时两掌向前推出,掌心向前。目视前方。如图 6-2-14 所示。

(14)黑虎掏心。以两脚为轴,体向右转 90°,抬左脚向前上一步,使两腿成左弓步。同时左掌向前屈肘推出,右掌附于左肘内侧。目视左手。如图 6-2-15 所示。

图 6-2-13　　　　　图 6-2-14　　　　　图 6-2-15

（15）双关铁门。右脚向前一步，体向左转90°，使两腿屈膝半蹲成马步。同时两掌变拳，由外向内屈肘冲击，使出拳相近。目视前方。如图6-2-16所示。

（16）冲心肘。以两脚为轴，体向右转90°，抬左脚向前上一步，使两腿成左弓步。同时左拳屈肘向前冲击，右手扶协左拳。目视左肘。如图6-2-17所示。

（17）泥里拔葱。收左脚与右脚成并步，脚尖点地成左丁字步。同时左拳变掌，向左侧下方劈击；右手向内屈肘，亮于左腋前。两腿半蹲，目视左侧。如图6-2-18所示。

图 6-2-16　　　　　图 6-2-17　　　　　图 6-2-18

（18）金交剪势。右脚后退半步，体向右转180°，震左脚，与右脚成并步。同时两手随身由下向外、向上、向内屈肘插掌，亮于胸前。目视前方。如图6-2-19所示。

图 6-2-19　　　　　图 6-2-20

99

收势:两手由上向下,再由下向外、向上、向下划弧,然后两臂下垂,掌附大腿外侧,身胸挺直。目视前方。如图 6-2-20 所示。

2. 训练二:武术健身操——功夫青春(抱拳礼)

如图 6-2-21 所示。

(1)并步直立,两臂自然垂于体侧,目视前方。

(2)两臂斜前45°上举,左掌掌心贴右拳拳面于胸前环抱,左掌掌指朝上,右拳拳心向下,目视前方。

(3)两臂回落于体侧,目视前方。

第一节:起势 4×8 拍。

第一个八拍(图 6-2-22)。

1~2拍,并步平托:两臂外旋,由下向上经体侧上托成侧平举,掌心向上,目视前方。

3~4拍,双臂上举:两臂直臂上举,掌心相对,目视前方。

5~6拍,胸前按掌:两掌经面前下按至胸横膈膜(膻中穴)上约一平拳位置,掌心向下,目视前方。

图 6-2-21

图 6-2-22

7~8拍,腹前对掌:两掌下按于腹前,掌指相对,约一横拳距离,目视前方。

第二个八拍(图6-2-23)。

1~2拍,双臂侧起:两掌向下,经体侧上摆成侧平举,掌心向前,拇指侧向上,目视前方。

3~4拍,体前合臂:两臂由体侧向胸前合臂,掌心相对,目视前方。

5~6拍,胸前回抱:两臂屈肘,两掌环抱收于胸前,目视前方。

7~8拍,同第一个八拍。

图6-2-23

第三个八拍(图6-2-24)。

图6-2-24

1~2拍,转腰平举:身体左转90°,两掌由腹前下落经体侧,臂略外旋向上摆成侧平举,掌心向左,目视前方。

3~4拍,回身立举:身体右转两臂直臂上举,掌心相对。目视前方。

5~8拍,同第一个八拍的5~8拍。

第四个八拍同第三个八拍,方向相反,最后一拍并步抱拳。

第二节:拉伸运动4×8拍。

第一个八拍(图6-2-25)。

图 6-2-25

1~2拍,开步冲拳:左脚向左开步。左拳前冲,右拳抱于腰间,目视前方。

3~4拍,原地右冲:右拳向前平冲,左拳抱于腰间,目视前方。

5~6拍,抡劈左掌:左拳变掌,向下经腹前向右,再向上经胸前向左侧劈出,右拳收回腰间,头左摆,目视左掌。

7~8拍,并步抱拳:左掌变拳收回腰间,左脚向右脚并步。

第二个八拍同第一个八拍,方向相反。

第三个八拍(图 6-2-26)。

图 6-2-26

1~2拍,开步左格:左脚向左开步,左拳经过胸前中线,向身体左侧屈肘外格挡,目视左拳。

3~4拍,原地右格:右拳经过身体中线胸前,向身体右侧屈肘格挡,左拳收回腰间,目视右拳。

5~6拍,左转架掌:身体左转90°,左掌上架,掌心向上,右手抱拳腰间,目视左侧。

7~8拍,并步抱拳:身体右转,左掌变拳收回腰间,左脚向右脚并步。

第四个八拍同第三个八拍,方向相反。

第三节:开合运动4×8拍。

第一个八拍(图 6-2-27)。

图 6-2-27

1~2拍,弓步击掌:左脚向左迈步,身体左转90°成左弓步,两掌经过体侧在胸前一臂处两掌相击,目视前方。

3~4拍,横顶双肘:两掌变拳,两肘尖向两侧平顶肘,目视前方。

5~6拍,转身虎爪:身体右转90°,双掌变虎爪,左爪侧推,右爪屈肘回拉至右肩前,大小臂夹紧,肘尖约与肩平,两爪心均向左侧,目视左爪。

7~8拍,并步抱拳:双爪变拳收抱腰间,左脚向右脚并步。

第二个八拍同第一个八拍,方向相反。

第三个八拍(图6-2-28)。

图 6-2-28

1~2拍,弓步双格:左脚向左开步,身体左转90°成左弓步;两拳经胸前十字交叉(左臂在外)后,向身体左右两侧屈肘竖臂展开,大臂略平,拳心相对,目视前方。

3~4拍,弓步推掌:两拳变掌经肩前立掌平推,掌心向前,目视前方。

5~6拍,转身里格:身体右转,成开立步;左手里格,右拳收于腰间,目视左侧。

7~8拍,并步抱拳:左拳收抱腰间,左脚向右脚并步。

第四个八拍同第三个八拍,方向相反。

第四节:踢腿运动4×8拍。

第一个八拍(图6-2-29)。

图6-2-29

1~2拍,弹腿冲拳:左弹腿,左腿与地面平行,力达脚尖;右拳平冲,目视前方。

3~4拍,弹腿冲拳:左脚收回,右弹腿;右拳收抱腰间,左拳平冲,目视前方。

5~6拍,格挡低踹:右脚落至左脚内侧,左脚经右膝内侧,向左下方踹出,勾脚尖,目视踹腿方向;两臂经胸前十字交叉(左臂在前),左拳下截,右臂屈肘立于右肩前,拳心向内。

7~8拍,并步抱拳:双拳收抱腰间,左脚向右脚并步,目视前方。

第二个八拍同第一个八拍,方向相反。

第三个八拍(图6-2-30)。

图6-2-30

1~2拍,提膝拍挡:提左膝,右拳变掌向体前弧形立掌拍挡于胸前,掌心向左,目视前方。

3~4拍,提膝拍挡:左脚下落至右脚内侧,提右膝;右掌变拳收抱腰间,左拳变掌于体前拍挡,目视前方。

5~6拍,提膝亮掌:右脚下落至左脚内侧,提左膝;左掌变勾,向身后摆,勾尖向上,右拳变掌,亮掌架于头顶上,目视左侧。

7~8拍,并步抱拳:双手变拳收抱腰间,左脚下落至右脚内侧,目视前方。

第四个八拍同第三个八拍,方向相反。

第五节:侧展运动 4×8 拍。

第一个八拍(图 6-2-31)。

图 6-2-31

1~2 拍,开步劈掌:左脚向左开步,左拳变掌由下经腹前向左侧划弧劈掌,掌心向前,头左摆,目视左掌。

3~4 拍,丁步双斩:右脚收于左脚内,侧成丁步,左臂回摆于胸前,与右臂十字交叉(左掌在外),随即左掌向左下方削掌,右掌向右侧上方横摆,掌心向下,目视左掌。

5~6 拍,弓步盖掌:右脚后撤成左弓步,右掌经过体前,横掌下压,左掌经右掌内侧反盖,掌心向上,右掌置于左臂下,目视左侧。

7~8 拍,并步抱拳:两掌变拳收抱于腰间,左脚向右脚并步。

第二个八拍同第一个八拍,方向相反。

第三个八拍(图 6-2-32)。

图 6-2-32

1~2 拍,开步架拳:左脚向左开步,身体左转 90°;左拳架于头顶上方,目视左侧。

3~4 拍,提膝双斩:提左膝,左掌回摆胸前,与右掌两腕十字交叉(左臂在前),掌心向内,随即左掌向左下方下截,右掌向右上方摆掌,掌心向下,目视左掌方向。

5~6 拍,弓步双撞:左脚向左侧落步,成左弓步;两掌经腰间,向左侧上方撞击,掌指相对,目视左侧。

7~8拍,并步抱拳:两掌变拳收抱腰间,左脚向右脚并步。

第四个八拍同第三个八拍,方向相反。

第六节:拧转运动4×8拍。

第一个八拍(图6-2-33)。

图6-2-33

1~2拍,弓步侧冲:左脚向左上步成左弓步;左拳由腰间立冲拳,发出"哈"声。目视左拳。

3~4拍,转身冲拳:转腰右拳立冲,发出"哈"声,左拳收抱腰间,目视右拳。

5~6拍,马步下截:身体右转成马步,左拳向身后弧形摆于身体左侧,屈肘下截,发出"哈"声。目视左侧。

7~8拍,并步抱拳:左拳收抱腰间,左脚向右脚并步。

第二个八拍同第一个八拍,方向相反。

第三个八拍(图6-2-34)。

图6-2-34

1~2拍,马步挂肘:左脚向左开步成马步,左臂屈肘回挂,左拳收于耳垂下,右拳向右侧平拳挑出,掌心向下,目视左侧。

3~4拍,转身下截:身体右转成右弓步,左拳下截,左臂与左腿平行,掌心向下,右臂屈肘外旋,置于右肩前,掌心向内,眼看左拳后方。

5~6拍,弓步抄拳:身体左转成左弓步,右拳由下经腹前向前方勾击,拳与下颚同高,拳心向内,左拳变掌,屈肘拍右臂,目视前方。

7~8拍,并步抱拳:双手抱拳收抱腰,左脚向右脚并步,目视前方。

第四个八拍同第三个八拍,方向相反。

第七节:俯仰运动4×8拍。

第一个八拍(图6-2-35)。

图6-2-35

1~2拍,开步推掌:左脚向左开步,左拳变掌向左侧平推,头左摆,目视左掌。

3~4拍,俯身按掌:右拳变掌。两掌俯身按于两脚之间,掌指相对,目视两掌之间。

5~6拍,开步斩拳:起身直立两掌变拳,右臂屈肘,收于右肩前,左拳向左侧横击,拳心向下,目视左拳。

7~8拍,并步抱拳:两拳收抱腰间,左脚向右脚并步。

第二个八拍同第一个八拍,方向相反。

第三个八拍(图6-2-36)。

图6-2-36

1~2拍,并步摆掌:右拳变掌经上方划弧,摆于左肩前,掌心向左,目视左侧。注:对练时为开步摆掌。

3~4拍,弓步撑掌:左脚开步成右弓步。左拳变掌经体侧划弧按于腹前,右掌经体侧向上亮掌驾于头顶,掌心向上,指尖向左,目视前方。

5~6拍,弓步分掌:身体左转成左弓步,两臂经胸前十字交叉(左臂在外),左掌向左上方、右掌向右下方横向分开,右掌心向下,左掌心向上,目视左掌。

7~8拍,并步抱拳:两掌变拳收抱腰间,左脚向右脚并步。

第四个八拍同第三个八拍,方向相反。

第八节:跳跃运动4×8拍。

第一个八拍(图6-2-37)。

1~2拍,跳步拍膝:提右膝,左脚颠跳,左掌拍击右膝关节,目视前方。

3~4拍,跳步拍膝:提左膝,右脚颠跳,右掌拍击左膝关节面,左手握拳收于左腰间,目视前方。

5~6拍,闪身左跳:右脚蹬地,左脚横跨一步,落地时并步下蹲,右拳横击左掌心,目视击拳方向。

7~8拍,原地飞脚:左脚蹬地跳起,右脚上踢,右掌拍脚面,左手握拳收于腰间,目视前方。

图6-2-37

第二个八拍同第一个八拍,方向相反。

第三个八拍(图6-2-38)。

1~2拍,跳步拍膝:提右膝,左脚颠跳,左掌拍击右膝关节面,右手握拳收于右腰间,目视前方。

3~4拍,跳步拍膝:提左膝,右脚颠跳,右掌拍击左膝关节面,左手握拳收于腰间目视前方。

5~6拍,跳步按掌:跳步成右弓步,左掌上、右掌下,双掌向下按于右膝前,目视前方。

7~8拍,并步抱拳:双脚跳回成并步,两掌变拳收抱腰间。

图 6-2-38

第四个八拍同第三个八拍,方向相反。

第九节:收势 4×8 拍。

第一个八拍(图 6-2-39)。

1~2 拍,并步平托:两臂外旋,由下向上经体侧上托成侧平,掌心向上,目视前方。

3~4 拍,双臂上举:两臂直臂上举,两掌心相对,目视前方。

5~6 拍,胸前按掌:两掌经过面前,下按至胸横膈膜(膻中穴)上约一平拳位,掌心向下,目视前方。

图 6-2-39

7~8 拍,腹前对掌:两掌下按于腹前,肚脐下一横拳处,掌指相对,约一横拳距离,目视前方。

第二个八拍(图 6-2-40)。

1~2 拍,双臂侧起:两掌由腹前向下,经体侧上摆成侧平举,掌心向前,拇指侧向上,目视前方。

3~4 拍,体前合臂:两臂由体侧向胸前合臂,掌心相对,目视前方。

5~6 拍,胸前回抱:两臂屈肘,两掌环抱,收于胸前,目视前方。

7~8 拍,同本节操第一个八拍的 7~8 拍。

图 6-2-40

第三个八拍(图 6-2-41)。

1~2 拍,转腰平举:两脚不动,身体左转 90°,两掌下落至体侧,经大腿两侧略外旋向上摆成侧平举,掌心向左,目视前方。

3~4 拍,回身立举:身体右转,两臂直臂上举,掌心相对,目视前方。

5~6 拍,胸前按掌:两掌经过面前,下按至胸横膈膜(膻中穴)上约一平拳位置,掌心向下,目视前方。

图 6-2-41

7~8 拍,腹前对掌:两掌下按于腹前脐下一横拳处,掌指相对,约一横拳距离,目视前方。
第四个八拍同第三个八拍,方向相反,最后一拍并步直立。

三、平衡素质训练

1.训练一:初级阶段

(1)顶物走。

训练目的:初步锻炼在动态中平衡。

训练方法：

①地面上画一直线,孩子头顶一本书或一个枕头站在起点。

②沿直线走,同时头上的东西不能掉下来。

③在训练达到一定程度时,可以将直线改为圈线。

（2）跳华尔兹舞。

训练目的:培养在方向不断变化的活动中保持动态平衡能力。

训练方法：

①地面上画一个大圆圈,围绕着某一垂直的轴转圈。

②速度逐渐加快。

2. 训练二：中级阶段

（1）走平衡木。

训练目的:利用器具训练平衡感,使之能够在平衡木上保持平衡;在保持身体平衡的基础上表现某种韵律,为较高级的知觉动作做准备。

训练方法：

①在平衡木上行走,保持平稳。

②在以上基础上按节拍或音乐行走。

（2）不倒翁。

训练目的:训练旧的平衡状态破坏后建立新的平衡状态的能力。

训练方法：

①在座位上保持良好的坐姿。

②坐正后,从一侧推动以破坏其平衡,要求再度保持坐正的体姿。

③在推动下要保持平衡,可在其不注意的情况下进行推动,并继续保持平衡。

（3）蒙眼走。

训练目的:发展不依靠视觉的空间平衡知觉能力。

训练方法：

①开始时两眼睁开站立,并注意地面所画直线的走向。

②然后闭上眼睛站立,并向正前方行走。

3. 训练三：高级阶段

（1）倒走。

训练目的:发展平衡知觉能力;从二维平衡感发展到立体平衡感。

训练方法：

①地面上画一直线,沿直线倒着走。
②在平稳的基础上计时,训练速度。
③上下楼梯时训练倒着上、下台阶。
(2)拿横杆走平衡木。
训练目的:利用手持器具训练平衡走动。
训练方法:
①拿着横杆在平衡木上走动。
②横杆的长度可不断加长,两头可挂上物品进行训练。
(3)平衡木旋转卧倒。
训练方法:
①旋转身体后继续保持平衡。
②迅速由卧位到站立位,保持平衡。

项目7 灵巧主导类业群岗位补偿性体育与健康

任务一 灵巧主导类业群运动"饥饿"补偿训练

一、腰肌力量素质训练

请具体参照体能主导类岗位应用性中力量训练法。

二、下肢力量素质训练

请具体参照体能主导类岗位应用性中力量训练法。
注：补偿训练部位具体要看不同的职业情况。考虑交叉与重复，不再列举。

三、有氧运动素质训练——全国大众跳绳

1. 一级动作

（1）左右甩绳。两手臂向前摇绳至一边体侧甩绳，绳子不过脚；接着甩绳至另外一边体侧，一拍一动，左右边各四次，完成左右甩绳。

（2）并脚跳。两手持绳向前摇绳，双脚并拢跳跃过绳，绳子绕过身体一周，一摇一跳，连续完成并脚跳（即为并脚单摇跳）。

（3）双脚交换跳。两手持绳向前摇绳，双脚分先后依次向前抬起跳跃过绳；一摇一跳，左右各四次，连续完成双脚交换跳。

（4）开合跳。两手持绳向前摇，当绳子过脚置于空中时，两脚跳跃成开，膝盖微弯曲状态，当绳子快打地时，两脚成合并跳绳过绳，一拍一动，完成开合跳。

（5）弓步跳。两手持绳向前摇，当绳子过脚置于空中时，两脚分开成前后弓步动作，当绳子打地快过脚时，双脚并拢跳过绳。一拍一动，左右边各四次，完成弓步跳。

（6）并脚左右跳。两手持绳向前摇，当绳子过脚置于空中时，双脚并拢向右、左边跳，一拍一动，左右边各四次，完成并脚左右跳。

(7)基本交叉跳。两手持绳摇,此动作分成两拍完成,第一拍两手为直摇绳,第二拍两手为交叉摇绳,一拍一动,开与合各四次,完成基本交叉跳。

(8)勾脚点地跳。两手臂向前摇绳,其中一只脚勾脚同时向前点地,另外一只脚直立跳跃过绳,接着交换另外一只脚做同样动作,一拍一动,左右各四次,完成勾脚点地跳。

2. 二级动作

(1)弹踢腿跳。两手持绳向前摇,踝关节绷直与小腿向前方弹踢,左右脚交替进行,一拍一动,左右各四次,完成弹踢腿跳。

(2)后屈腿跳。两手持绳向前摇,当绳子过脚置于空中时,一脚向后折叠后踢,另外一脚直立跳跃过绳,反之为另外一脚折叠后踢,一脚直立跳跃过绳,一拍一动,左右边各四次,完成后屈腿跳。

(3)提膝跳。两手持绳向前摇,当绳子过脚置于空中时,一腿提膝与身体成90°角,另外一腿直立跳跃过绳,反之为另外一腿动作,一拍一动,左右边各四次,完成提膝跳。

(4)钟摆跳。两手持绳向前摇,当绳子过脚置于空中时,一脚向同一侧摆动,另外一脚直立跳跃过绳,反之为另外一脚动作,一拍一动,左右边各四次,完成钟摆跳。

(5)踏跳步。两手持绳向前摇,双脚做踏跳跳跃,一摇一跳,完成踏跳步。

(6)左右侧摆直摇跳。两手持绳向前摇绳至左边体侧甩绳,再向右边甩绳,接着两手打开成直摇姿态,双脚并拢跳跃过绳,完成一个完整动作。

(7)手臂缠绕。两手持绳向体侧甩绳缠绕同侧手腕一圈,再稍转体摆至另一侧反向打开所缠绕的绳子;相同动作反向再做一遍,完成一个八拍。

(8)前后转换跳。完成此动作分成两拍,第一拍为两手持绳向前摇绳,双脚并拢跳跃过绳一周,第二拍为双手持绳从身体的一侧随身体转动180°,成后摇绳动姿态,接着再转成正面180°直摇绳,动作总共三个面(即正反正面),即成前后转换跳。

3. 三级动作

(1)基本交叉后摇跳。做此动作由两拍完成,预备姿势两手持绳于体前,第一拍两手为后直摇绳,第二拍两手为交叉后摇绳,一拍一动,开与合各四次,完成基本交叉后摇跳。

(2)直双摇跳。两手持绳向前摇,双脚同时起跳,每跳起一次,绳跃过头顶通过脚下绕身体两周(720°),完成直双摇跳。

(3)提膝侧点跳。完成此动作由四拍组成,两手持绳向前摇,当绳子过脚一拍时,其中一只脚扣脚提膝,当绳子过第二拍时,提膝脚侧点地,第三拍还原成提膝,第四拍为并脚跳跃过绳,反之这异侧重复动作完成一遍,左右各一次,完成提膝侧点跳。

(4)前后打。两手持绳身体直立,当身体侧向一方时,手腕发力绳子随身体摆动侧向摇绳,绳子向前打地,当身体转向另外一侧时,手腕发力绳子随身体摆动向后打地,完成此动作,反之为另外一侧动作;一拍一动,完成前后打动作。

(5)踢腿跳。两手持绳向前摇,当绳子过脚置于空中时,其中一脚提膝再接着向前踢腿与地平行,另外一脚直立跳跃过绳,反之为外一只脚动作,一拍一动,左右边各两次,完成膝踢腿跳。

(6)侧身前点地跳。两手持绳向前摇,完成此动作分成四拍,第一拍为后吸腿,第二拍为吸腿脚向前方点地,身体姿态为侧身状态,第三拍为复原吸腿,第四拍为双脚并拢跳跃过绳,一拍一动,左右边各两次,完成侧身前点地跳。

(7)双脚交叉侧勾点地跳。完成此动作由两拍组成,两手持绳向前摇,第一拍为两脚交叉跳跃过绳,第二拍为一脚侧勾,支撑脚弯曲跳跃过绳,反之为另外一方动作,左右侧勾点地各四次,完成双脚交叉侧勾点地跳动作。

(8)侧摆交叉跳。完成此动作由两拍组成,第一拍为两手持绳向前摇绳至一边体侧,第二拍为两手做基本交叉摇绳跳跃过绳,反之为另外一边动作,左右边各四拍,完成侧摆交叉跳。

任务二 灵巧主导类业群常见职业病及预防保健

一、射击颈

1. 射击颈症状

因工作需要长时间歪头相对固定于一种姿势,颈部活动幅度减小,造成颈部僵硬、麻木、疼痛、发麻、刺痛等。

2. 射击颈体育保健方法

(1)毛巾颈椎伸展(图7-2-1)。这是一个放松颈椎的动作。坐在椅子上,毛巾边缘向内重叠,放在颈椎最酸的地方。两手用力向前拉,同时头向后仰。重复6~8次。

(2)毛巾颈椎旋转(图7-2-2)。和毛巾颈椎伸展动作相似,但两手用力的方向不同。一只手向下拉毛巾固定,另外一只手水平用力,同时头顺着毛巾用力方向旋转。重复6~8次。

(3)自我活动颈椎(图7-2-3~图7-2-6)。利用3个平面、6个动作活动颈椎。这6个动作包括头部向左、向右侧倾,向前低头,向后仰头和向左、向右旋转。对于长时间使用电脑、伏案工作人士,每隔一、两个小时做这个动作,非常有利于缓解肩颈部肌肉的紧张和酸痛。此外,要避免颈部绕旋动作,虽然这样也可以活动颈椎,但会增加颈椎间的磨损,因此不建议做此动作。

图 7-2-1　　　　　　　　　　　　　　图 7-2-2

图 7-2-3　　　　图 7-2-4　　　　图 7-2-5　　　　图 7-2-6

（4）按摩球放松风池穴（图 7-2-7）。平躺在垫子上,按摩球放在风池穴上,轻微向下用力按压。没有按摩球的话,也可以自己用手指放松这个穴位。风池穴位于头后大筋两侧与耳垂平行处。按摩这个穴位可改善头疼、颈部酸痛、落枕等问题。

图 7-2-7

二、静脉曲张

1. 静脉曲张症状

尤其多见于从事持久站立工作的人员。主要表现为下肢表浅静脉扩张、伸长、迂曲,产生患肢酸胀、乏力、沉重等症状,严重者常伴有小腿溃疡或浅静脉炎等并发症。

2. 静脉曲张体育保健方法

保健操是缓解静脉曲张比较有效的方法。

第一节:抬腿运动(图7-2-8、图7-2-9)。

直立,然后双腿依次抬起、放下,每侧10~12次。

图7-2-8　　　　图7-2-9

第二节:屈腿运动(图7-2-10、图7-2-11)

直立,然后双手扶膝下蹲、起立,共10~12次。

图7-2-10　　　　图7-2-11

第三节:摆腿运动(图7-2-12、图7-2-13)。

仰卧位,双腿伸直,抬起左腿约45°,将其上、下、左、右摆动各6次,然后换做右腿做同样动作。

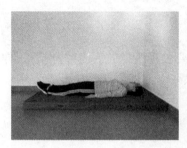 

图7-2-12

图7-2-13

第四节:蹬腿运动(图7-2-14)。

仰卧位,抬起左腿,屈膝,用力向前蹬,反复12次,然后换右腿做同样的动作。

图7-2-14

项目8　灵巧主导类业群岗位拓展性体育与健康

任务一　羽毛球

一、羽毛球运动简介

现代羽毛球运动起源于英国,它是一项室内、室外都可以进行的体育运动。1873年,在英国格拉斯哥郡的伯明顿镇有一位叫鲍弗特的公爵,在他的领地开游园会时,有几个从印度回来的退役军官就向大家介绍了一种隔网用拍子来回击打毽球的游戏,人们对此产生了浓厚的兴趣,因这项活动极富趣味性,很快就在上层社会社交场上风行开来。"伯明顿"(Badminton)即成为英文羽毛球的名字。1893年,英国14个羽毛球俱乐部组成羽毛球协会,即全英公开赛的前身。

大约在1920年,羽毛球运动传入中国,新中国成立后得到迅速发展。20世纪70年代中国羽毛球队已跻身于世界强队之列。20世纪70年代,国际羽毛球坛是印度尼西亚与中国平分秋色。20世纪80年代,优势已转向中国,说明中国羽毛球运动已达到世界先进水平。1992年起,羽毛球成为奥运会的正式比赛项目。重要羽毛球比赛还有汤姆斯杯、尤伯杯以及世界羽毛球锦标赛等。

羽毛球运动根据参与的人数可以分为一对一的单打,二对二的双打以及新兴起的三对三打。对于其锻炼价值,首先羽毛球运动是一项全身性的运动,它需要在场地上不停地进行脚步移动、跳跃、转体、挥拍,合理地运用各种击球技术和步法将球在场上往返对击,从而增大了上肢、下肢和腰部的肌肉的力量,加快了锻炼者全身血液循环,增强了心血管系统和呼吸系统的功能。长期进行羽毛球锻炼,可使心跳强而有力,加大肺活量,提高耐力。此外,羽毛球运动要求练习者在短时间对瞬息万变的球路作出判断,果断地进行反击,因此,它能提高人体神经系统的灵敏性和协调性。

其次,羽毛球运动可调节运动量,羽毛球运动适合于男女老幼,运动量可根据个人年龄、体质、运动水平和场地环境的特点而定。青少年可作为促进生长发育、提高身体机能的有效手段进行锻炼,运动量宜为中强度,活动时间以40~50分钟为宜。适量的羽毛球运动能促进青少年增长身高,能培养青少年自信、勇敢、果断等优良的心理素质。老年人和体弱者可作为保健康复的方法进行锻炼,运动量宜较小,活动时间以 20~30 分钟为宜,达到出汗、弯弯腰、舒展关节的目的,从而增强心血管和神经系统的功能,预防和治疗老年心血管和神经系统方面的疾病。羽毛球可作为儿童活动性游戏来进行锻炼,让他们在阳光下奔跑跳跃,并要求他们能击到球,培养他们不畏困难、不怕吃苦、不甘落后的品质。

二、羽毛球运动场地器材

1. 羽毛球运动场地

标准羽毛球场地为长方形,长为 13.4 米,单打宽为 5.18 米,双打宽为 6.1 米。边线宽度为 0.04 米的白色线(也可用 0.04 米粘胶带直接粘贴)。前发球线与球网相距 1.98 米,后发球线距端线 0.76 米,前发球线中点与端线中点连接起来的线为中线,将场地分为左、右发球区。标准场地一般要求球场上空高 12 米(最低 9 米)以上,四周 2 米以内不得有任何障碍物。

2. 羽毛球运动器材

(1)羽毛球。球可以由天然材料、人造材料或它们混合制成。只要球的飞行性能与用天然羽毛和包裹羊皮的软木球托制成的球性能相似即可。球应有 16 根羽毛固定在球托部,羽毛长 62~70 毫米,每一个球的羽毛从球托面到羽毛尖的长度应该一致。羽毛顶端围成圆形,直径 58~68 毫米,用线或其他适宜材料扎牢。球托底部为圆球形,直径为 25~28 毫米。球重 4.74~5.50 克(标准的羽毛球为 5.0 克,即为 77 格林)。

(2)球网。羽毛球网长 6.10 米、宽 0.76 米,为优质深色的天然或人造纤维制成,网孔大小在 15~20 毫米之间,网的上沿应缝有 75 毫米宽的双层白布(对折而成),并用细钢丝绳或尼龙绳从夹层穿过,牢固地张挂在两网柱之间。标准球网应为黄褐色或草绿色。网柱高 1.55 米,无论是单打或双打,两根网柱都应分别立在双打场地边线的中点上。正式比赛时,球网中部上沿离地面必须为 1.524 米高,球网两端高为 1.55 米。球网的两端必须与网柱系紧,不能有缺缝。

(3)球拍。羽毛球拍的第一个参数是重量。4U: 80~84g,3U: 85~89g,2U: 90~94g,U: 95~99g。对于男生而言 3U 比较合适,对于女生而言 4U 会比较好。重的适合杀球,轻的适合吊球。

球拍柄的大小有 4G 或 5G,一般用 4G,4G 适合手大的人。第三个看平衡点,就是球拍的重心,用手指撑起球拍杆,球拍保持平衡时候的点就是平衡点。平衡点靠近球拍网,手握时会感觉比较重,适合杀球;平衡点靠近手柄,会感觉球拍轻,适合吊球。第四看硬度,用手扳球拍,弯曲程度越厉害,球拍越软,反之越硬。球拍越硬,球拍对羽毛球飞出方向控制性更高。球拍越软对羽毛球落地点控制性更高。第五看磅数,即羽毛球拍能承受羽毛球拍线的松紧程度,磅数越高,承受能力越强。同个型号的球拍,球拍越重,能承受的磅数越高。磅数越高,利于杀球,越低利于吊球。磅数越高,打球时对力量的要求越高。新手一般用20~24磅。

三、羽毛球运动规则

1. 计分制度

采用21分制,3局2胜。每局中一方先得21分且领先至少2分即算该局获胜,否则继续比赛,若双方打成29平后,一方领先1分,即算该局取胜。

新制度中每球得分,除特殊情况球员不可再提出中断比赛的要求。但在每局一方以11分领先时,比赛进行1分钟的技术暂停,让比赛双方进行擦汗、喝水、休息以及教练进行技术指导等。

得分者方有发球权,如果本方当前得分为单数,从左边发球,当前得分为双数,从右边发球。在第三局或只进行一局的比赛中,当一方分数首先到达11分时,双方交换场区。

2. 站位规则

单打:发球员的分数为0或双数时,双方运动员均应在各自的右发球区发球或接发球;发球员的分数为单数时,双方运动员均应在各自的左发球区发球或接发球;如"再赛",发球员应以该局双方总得分数来确定站位。若总分为单数,双方运动员均应在各自的左发球区发球或接发球;若总分为双数,双方运动员均应在各自的右发球区发球或接发球;球发出后,双方运动员击球就不再受发球区的限制,运动员的站位也可以在自己这方场区的界内或界外。

双打:一局比赛开始,应从右发球区开始发球;只有接发球员才能接发球;如果他的同伴接球或被球触及,发球方得一分;任何一局的接发球方得一分时,接着由接发球方运动员之一发球,如此交换发球权。注意,交换发球权时双方4位运动员都不需要变换站位;运动员不得有发球错误和接发球的错误,或在同一局比赛中有两次发球;一局胜方的任一运动员可在下一局先发球,负方中任一运动员可先接发球;球发出后,双方运动员击球就不再受发球区的限制,运动员的站位也可以在自己这方场区的界内或界外。

3. 场区规则

以下情况运动员应交换场区:第一局结束;第三局开始;第三局中或只进行一局的比赛进行至一方达到11分时。运动员未按以上规则交换场区时,一经发现立即交换,已得分数有效。

4. 合法发球

(1)发球时任何一方都不允许延误发球。

(2)发球员和接发球员都必须站在各自发球区内发球和接发球,脚不能触及发球区的界限;两脚必须都有一部分与地面接触,不得移动,直至将球发出。

(3)发球员的球拍必须先击中球托,与此同时整个拍框必须低于发球员的腰部。

(4)击球瞬间拍杆应指向下方,从而使整个拍框明显低于发球员的整个握拍手部。

(5)发球开始后,发球员的球拍必须连续向前挥动,直至将球发出。

(6)发出的球必须向上飞行过网,如果不受拦截,应落入接发球员的发球区。

5. 羽毛球的违例

(1)发球不合法违例,或接发球者提前移动。

注:发球时,球拍拍框高于握拍手的手腕(称为:过手)或者拍框过腰(称为:过腰)属于违例。

(2)发球员发球时未击中球。

(3)发球时,球过网后挂在网上或停在网顶。

(4)比赛时,球落在球场边线外;球从网孔或从网下穿过;球未过网;球碰屋顶、天花板或四周墙壁;球碰到运动员的身体或衣服;球碰到场地外其他人或物体(由于建筑物的结构问题,必要时地方羽毛球组织可以制定羽毛球触及建筑物的临时规定,但其他组织有否决权)。

(5)比赛时,球拍和球的最初接触点不在击球者网的这一方。

(6)比赛进行中,运动员球拍、身体或衣服触及网或网的支持物。运动员的球拍或身体,以任何程度侵入对方场区(击球者击球后,球拍可以随球过网)。妨碍对手,如阻挡对方紧靠球网的合法击球。

(7)比赛时,运动员故意分散对方注意力的任何举动,如喊叫、故作姿态等。

(8)比赛击球时,球夹在或停滞在拍上紧接着又被拖带。同一运动员两次挥拍连续击中球两次。同一方两名运动员连续各击中球一次。球碰球拍继续向击球方场区后方飞行。

(9)运动员违反比赛连续性的规定。

(10)运动员行为不端。

6. 重发球

(1)遇不能预见或意外的情况,应重发球。

(2)除发球外,球过网后,球挂在网上或停在网顶,应重发球。

(3)发球时,发球员和接发球员同时违例,应重发球。

(4)发球员在接发球员未做好准备时发球,应重发球。

(5)比赛进行中,球托与球的其他部分完全分离,应重发球。

(6)司线员未看清球的落点,裁判员也不能做出决定时,应重发球。

(7)重发球时,最后一次发球无效,原发球员重发球。

7. 死球

(1)球撞网并挂在网上,或停在网顶上。

(2)球撞网或网柱后开始在击球这一方落向地面。

(3)球触及地面。

(4)"违例"或"重发球"。

8. 发球区错误

(1)发球顺序错误。

(2)从错误的发球区发球。

(3)在错误的发球区准备接发球,且对方球已发出。

9. 比赛中的出界

(1)单打的边线是内侧边线的外沿。双打的边线是外侧边线的外沿。

(2)单打的前发球线是最靠近球网且平行球网的一条线。后发球线就是底线。双打的前发球线和单打一样,都是最前面一条。

(3)发球区位于前发球线和后发球线之间。后发球线是底线前的那一条线。发球区位于前发球线和后发球线之间。

四、羽毛球运动技战术

1. 羽毛球移动基本步法

(1)垫步:当右(左)脚向前(后)迈出一步后,后脚跟进,紧接着以同一脚向同一方向再迈一步,为垫步。垫步一般作为调整步距用。如图8-1-1所示。

(2)交叉步:左、右脚交替向前、向侧或向后移动为交叉步。经另一脚前面超越的为前交叉步,经另一脚后面超越的为后交叉步。交叉步一般在后退打后场球时用得较多。如图8-1-2所示。

图 8-1-1

图 8-1-2

（3）并步：右脚向前（或向后）移动一步时，左脚即刻向右脚跟并一步，紧接着右脚再向前（向后）移动一步，称为并步。如图 8-1-3 所示。

注：以右手执拍为例（下同）

图 8-1-3

(4)蹬转步：以一脚为轴，另一脚作向后或向前蹬转。如图8-1-4所示。

图 8-1-4

(5)蹬跨步：在移动的最后一步，左脚用力向后蹬的同时，右脚向来球的方向跨出一大步，称为蹬跨步。它多用于上网击球，在后场底线两角移动抽球时也常采用。如图8-1-5所示。

图 8-1-5

(6)腾跳步：起跳腾空击球的步法为腾跳步。它可分为两种，一种是上网扑球或向两侧移动突击杀球时，以领先的脚（或双脚）起跳，作扑球或突击杀球；另一种是对方击出高远来球时，用右脚（或双脚）起跳到最高点时击球。如图8-1-6所示。

图 8-1-6

2. 羽毛球发球技术

发球技术可分为正手和反手发球技术。一般来说，发网前球、发平快球、发平高球、发高远球均可采用正手发球法。

（1）发高远球。所谓高远球是把球发的又高又远，使球向对方后场上方飞去，球的飞行路线与地面形成角度要大于45°角，使球在对方场区底线附近垂直下落。

（2）正手发平高球。姿势、动作和发正手高远球一样，只是发力方向和击球点不同，高平球时球运行的抛物线不大，使球迅速地越过对方场区空中而落到底线附近，球在空中的路线和地面形成的仰角是45°左右。

（3）正手发网前球。发网前球就是把球发到对方发球区内的前发球线附近，球拍触球时，拍面从右向左斜切击球，使球刚好越网而过，落在对方前发球线附近。

（4）反手发网前球。反手发网前球就是运用反手发球技术把球发至对方发球区内前发球线附近，击球时球拍由后向前推送击球，使球运行的弧线最高点略高于网顶，球拍触球时，拍面呈切削式击球，使球落到对方场区的前发球线附近。

（5）反手发平快球。反手发平快球与发正手球的球路、角度、落点一样。发球时，球拍的挥动方向也与反手发网前球一样，只是在击球的一刹那，手腕有弹性的击球，拍面与地面的角度接近垂直，将球击到双打后发球线以内的区域。

3. 羽毛球击球技术

（1）正手击高远球。起跳后手腕控制球拍对准来球路线，快速挥拍击打球托，球即沿着直线飞行，若手腕控制拍面击球托的右下方，球则沿着对角线方向飞行。击球后，手臂随惯性自然回收至胸前。

（2）吊球。如果对方击来高球，接球时可以从后场轻击、轻切、轻劈到对方的近网附近。

（3）扣杀球。准备姿势同头顶击高球类似，不同之处在挥拍击球时，要靠腰腹带动大臂，协调小臂、手腕的综合力量形成鞭击动作，全力往下方击球，拍面与水平面的夹角小于90°，头顶扣杀对角线的动作方法基本同上，只是击球时要全力向对角线方向击球才行。

(4)挡网前球。用接杀球的步法移至球场的边线,身体右倾,手臂右伸,前臂外旋,手腕外展。持拍准备接球。击球时,前臂内旋稍翻外带动球拍由内右下向前上方推送击球,把球推向直线网前。

另一种是击球时前臂中外旋到内收,带动球拍由右向前切送挡直线网前。击球后,身体左转成正面对网,然后右脚上前一步,球拍随身体向左转收至体前。

(5)正手平抽球。站在右场区的中部,两脚平行站立稍宽于肩,重心在两脚间,微屈膝收腹,正手握拍举于右肩前。击球前肘关节前摆,前臂稍往后带外旋,手腕稍外展至后伸,引拍至体后。击球时前臂内旋,手腕伸直闪动,手指抓紧拍柄,球拍由右后往右前方高速平扫盖击来球。击球后手臂左摆,左脚往左前方迈一步,右脚跟一步回中心位置。

(6)网前推球。正手推直线,站在网前,当球飞过来,球拍向右侧前上举。在肘关节微屈回收时,小臂稍外旋,手腕稍后伸,球拍也随着往右稍下后摆,拍面正对来球。小指和无名指稍松开,使拍柄稍离开手掌鱼际肌。拇指和食指稍向外捻动拍柄,拍面更为后仰。要推击球托的后部,使球沿直线方向飞去。

(7)挑球。正手网前挑球,击球前前臂充分外旋,手腕尽量后伸。击球时,从右下向右前方至左上方挥拍击球。在此基础上,若球拍向右前上方挥动,挑出的是直线高球,若球拍向左前方挥动,挑出的则是对角高球。

任务二 乒乓球

一、乒乓球运动简介

乒乓球起源于英国。19世纪末,欧洲盛行网球运动,但由于受到场地和天气的限制,英国有些大学生便把网球移到室内,以餐桌为球台,书做球网,用羊皮纸做球拍,在餐桌上打来打去。1890年,几位驻守印度的英国海军军官偶然发觉在一张不大的台子上玩网球颇为刺激。后来他们改用实心橡胶代替弹性不大的实心球,随后改为空心的塑料球,并用木板代替了网拍,在桌子上进行这种新颖的"网球赛",这就是Table tennis得名的由来。

20世纪初,乒乓球运动在欧洲和亚洲蓬勃开展起来。1926年,国际乒乓球联合会(ITTF)正式成立,并决定举行第一届世界乒乓球锦标赛。1959年,容国团获得了第二十五届世界乒乓球锦标赛男子单打冠军后,中国运动员开始登上了国际乒坛。1982年,国际奥委会通过了关于从1988年起把乒乓球列为奥运会正式比赛项目的决定,推动了乒乓球运动更快地发展。

二、乒乓球运动场地

场地规格赛区应由0.75米高的同一深色的挡板围起,并与相邻的赛区及观众隔开。每张球台的比赛场地面积为7米×14米。乒乓球台高76厘米、长2.74米、宽1.525米,颜色为墨绿色或蓝色。球网高15.25厘米,台外突出部分长15.25厘米,颜色与球台颜色相同。球呈白色或橙色,且无光泽,为直径40毫米、质量2.7克的硬球。挡板高0.75米、宽1.4或2米,颜色与球台颜色相同。

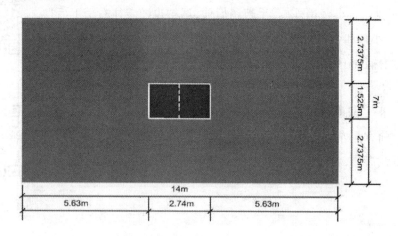

图 8-2-1

三、乒乓球基本规则

乒乓球单人比赛原来一般采取三局两胜或五局三胜制(每局21分),2001年改为七局四胜制或五局三胜制(每局 11 分),所谓"局",英文为 Set,发球称 Serve。

1. 发球、接发球和方位的选择

(1)选择发球、接发球和场地的权力应通过选择硬币的正反面来决定。选对者可以选择先发球或先接发球,或选择先在某一方。

(2)当一方运动员选择了先发球、先接发球或选择了场地后,另一方运动员应有另一个选择的权力。

(3)在每发球两次之后接发球方即成为发球方,依此类推,直到该局比赛结束,或者直至双方比分都达到 10 分实行轮换发球法,这时发球和接发球次序仍然不变,而且每人只轮发一分球。

(4)一局中在某一方位比赛的一方,在该场的下一局应换到另一方位。单打决胜局中当有一方满 5 分时应交换方位。

2. 发球、接发球次序和方位的错误处理

(1)裁判员一旦发现发球、接发球次序错误应立即暂停比赛,并按该场比赛开始时确立的次序,根据场上的比分由应该发球或接发球的运动员发球或接发球;在双打中,则按发现错误时那一局中首先有发球权的一方所确立的次序继续进行比赛。

(2)裁判员一旦发现运动员应交换方位而未交换时,应立即暂停比赛,并按该场比赛开始时确立的次序,根据场上比分纠正运动员所站的方位后再继续比赛。在任何情况下,发现错误之前的所有得分均有效。

(3)当发球者发出的球触碰到网,叫"擦网",裁判应令发球者重新发球,直到没有擦网,或者其他发球失误。

3. 合法还击

对方发球或还击后,本方运动员必须击球,使球直接越过或绕过球网装置(包含触及球网装置)后,再触及对方台区。凡属上述情况,均为合法还击。

4. 重发球

不予判分的回合出现下列情况,应判重发球:

(1)如果发球员发出的球,在越过或绕过球网装置时触及球网装置,此后成为合法发球或被接发球员或其同伴阻挡。

(2)如果发球员或同伴未准备好时球已发出,而且接发球员或其同伴均没有企图击球。

(3)由于发生了运动员无法控制的干扰,如灯光熄灭等原因,而使运动员未能合法发球、

合法还击或未能遵守规则(运动员与同伴相撞或者被挡板绊倒而未能合法回击,则不能判重发球)。

(4)裁判员或副裁判员宣布暂停比赛。例如:①由于要纠正发球、接发球次序或方位错误;②由于要实行轮换发球法;③由于警告或处罚运动员;④由于比赛环境受到干扰以致该回合结果有可能受到影响(例如外界球进入赛场或者是足以使运动员大吃一惊的突然喧闹)。

5. 判一分

回合中出现重发球以外的下列情况,应判失一分:

(1)未能合法发球;

(2)未能合法还击;

(3)阻挡;

(4)连续两次击球(如执拍手的拇指和球拍连续击球);

(5)除发球外,球触及本方台区后再次触及本方比赛台面;

(6)用不符合规定的拍面击球;

(7)双打中,除发球或接发球外运动员未能按正确的次序击球;

(8)裁判员判罚分;

(9)其他已列举的违例现象。

6. 一局比赛

在一局比赛中,先得11分的一方为胜方;比分出现10平后,先多得2分的一方为胜方。

7. 一场比赛

(1)一场比赛应采用七局四胜制或五局三胜制。

(2)一场比赛应连续进行,但在局与局之间,任何一名运动员都有权要求不超过两分钟的休息时间。

8. 轮换发球法

(1)如果一局比赛进行到15分钟仍未结束(双方都已获得至少9分除外);或者在此之前的任何时间,应双方运动员要求,应实行轮换发球法。计时员应在每一局比赛的第一个球进入比赛状态时开表;在比赛暂停时停表,恢复比赛时重新开表。比赛暂停包括:球飞出赛区至重新回到赛区、擦汗、决胜局交换方位及更换损坏的比赛器材。一局比赛进行到15分钟尚未结束,计时员应报"时间到"。

（2）当时间到时，球仍处于比赛状态，裁判员应立即宣布暂停比赛，由被暂停回合的发球员发球继续比赛。当时间到时，球未处于比赛状态，应由前一回合的接发球员发球，继续比赛。

（3）出现上述情况时，计数员应在接发球方每一次击球后报出击球数，在使用轮换发球法时，计数员报数应用英语或用双方运动员及裁判员均能接受的任何其他语言。

（4）此后，每个运动员都轮发一分球直至该局结束，如果接发球方进行了十三次合法还击，则判发球方失一分。

（5）轮换发球法一经实行，该场比赛的剩余部分必须继续进行，直至该场比赛结束。

四、乒乓球的技术

1. 正手发下旋球与反手发下旋球

1）正手发下旋球（图 8-2-2）。

击球前：右脚稍后或平站，身体略向右倾斜，引拍时左手将球向上抛起，右手执拍，拍面后仰，向身体右后上方引拍。

击球时：当球下降高于网或平于网时，前臂加速向左前下方挥动，击球中下部并向底部摩擦，球击出后第一落点接近网。

击球后：手臂继续向左前下方挥动并迅速还原。

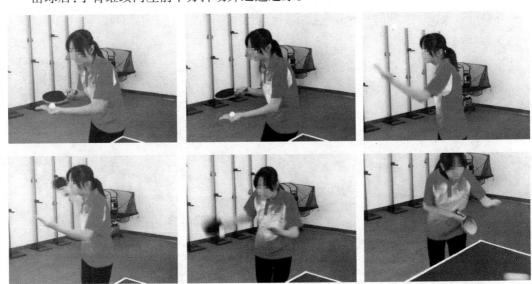

图 8-2-2

2）反手发下旋球（图 8-2-3）。

击球前：站位左半台离台 30 厘米，右脚稍前身体略向左转，左手掌心托球，右手持拍于身体左侧,拍面略后仰,抛球同时持拍手向左后上方引拍。

击球时:球下降高于网或平于网时,前臂带动手腕向右前下方挥动,拇指加力压拍,手腕发力从球的中下部向右前下方摩擦。

击球后:手臂继续向右前下方挥动并迅速还原。

图 8-2-3

2. 正手搓球与反手搓球

搓球是近台还击下旋球的一种基本技术,特点是站位近动作小,回球多在台内进行。

1)正手搓球(图 8-2-4)。

站位:身体站位近台,重心稍前移,身体靠近来球。

引拍:球拍向上方稍引,球拍稍后仰。

图 8-2-4

挥拍：手臂应该迅速前伸迎球，并插向球的中下部，用球拍的下半部摩擦球的中下部。触球时前臂手腕适当加力，直拍击球时拇指用力明显。慢搓时，击球的下降期。快搓时，击球的上升期。

还原：搓球后注意控制手腕，不要翻动手腕并及时制动，随势挥拍动作尽可能短。

技术要点：注意借力发力；身体前迎帮助小臂发力；触球时手腕快速发力摩擦球。

2) 反手搓球(图 8-2-5)。

站位：近台站位右脚稍前，持拍手臂自然弯曲，拍面呈45°后仰。

引拍：要引到胸前，手腕稍微内收。肘沉下去，保证前臂和台面平行。

挥拍：以肘部为轴，用前臂和手腕向前下方用力，在下降期击球中下部，往底部摩擦。肘部固定是提高搓球稳定性的秘诀。

还原：搓球后注意控制手腕，不要翻动手腕并及时制动，随势挥拍动作尽可能短。正手搓球与反手搓球动作要领基本一致，存在几点区别：正手搓球一般就是近台球；正手搓球肘关节与身体的距离稍近一些；反手搓球的引拍位置在身前，而正手搓球的引拍位置是在身体的右前方。

图8-2-5

3)侧身正手攻球(图8-2-6)。

乒乓球常用技术之一。侧身攻的特点是速度快、力量重、攻势强,它是各种不同类型打法都必须掌握的一项重要技术。侧身攻运用多少在很大程度上标志着进攻能力的强弱。侧身攻比正手攻更具威胁,难度也更大,主要表现在脚步移动的范围较大。

击球前,身体重心前倾,手臂自然放松,右肩略下沉。根据来球线路移动步法,充分侧身,同时转腰引拍。

击球时,腰向左转,收缩前臂,向左前上方出手,上身向前压。

击球后,重心以及手臂迅速还原。站位还原至中路偏反手位,准备下一板衔接。

图8-2-6

练习提示:

(1)掌握好侧身移步的时间。起动过早,易被对方觉察而突变我方正手空档;起动过晚,又会错过最佳的击球时间。通常来说,最好在对手球拍触球的瞬间判断清楚来球后即侧身;

(2)侧身的步法要高效迅速,一般是向侧后方移动后,并要具备连续进攻的能力。动作幅度应根据需要灵活调整；

(3) 明确侧身攻球的战术意识，避免盲目侧身或是习惯性侧身；

(4) 侧身时应大胆果断，攻球必须有较大杀伤力，不能因为担心影响下一板的连续而犹豫不决，须知如果侧身击出的球缺乏威胁，反而更易陷入被动。

五、乒乓球的基本战术

1. 发球抢攻

乒乓球运动战术之一，是比赛中力争主动、先发制人。运动员利用发球的旋转、落点变化来控制对方，使其回球较高，然后再以有力的扣杀或用前冲弧圈球等技术进行攻击。常能取得主动或直接得分。发球抢攻是我国直板快攻打法的"杀手锏"。发球战术运用的效果主要取决于发球的质量和第三板进攻的能力

运用发球抢攻时，要注意发球与抢攻的配合，所选的发球要与自己的技术特长密切结合。例如，擅长侧身攻的选手，可以侧身发左侧旋球为主；擅长反手攻球的选手，可以反手发右侧旋为主。发球前，要做到心中有数，预先估计对方可能怎样回接、接到什么位置、自己如何抢攻，以免错失机会。

2. 接发球抢攻

由某一单项攻球技术所形成，进攻性强，可变接发球的不利地位为主动地位，也可直接得分，是乒乓球运动各种打法特别是进攻型打法的主要战术。

(1) 由于接发球抢攻是在对方主动发球，自己处于被动的接发球地位时所采取的进攻性打法，所以难度较大。接发球抢攻一般不可过凶，要看准来球的旋转方向、旋转强度和高度，采用适当的方法进攻。例如对方发加转下旋球，接发球抢攻时要采用提拉手法，以免下网。同时，攻球的力量不可过大。

(2) 接发球抢攻动作结束后，要立即做好对攻或连续攻的准备，以便继续处于主动地位。

(3) 接发球抢攻、抢冲的力量越小，应越注意球的路线或落点，一般应多打在对方反手；若对方反手强而正手弱，则可多打在对方正手。

3. 搓球战术

乒乓球搓球战术，是进攻型打法的辅助战术之一。利用搓球的旋转、速度、落点的变化，降低对方回球的质量，为自己的进攻创造机会。

（1）先搓反手大角，再变直线，伺机进攻。

主要用来对付反手不擅进攻的选手。先逼住对方反手大角，视其准备侧身攻或将注意力都放到了反手后，就变线至其正手，伺机抢攻。

（2）搓转与不转球后，伺机反攻。

一般以先搓加转球为主，然后用相似的动作搓不转球，对方不适应或一时不慎就会将球搓高，为自己进攻创造机会。在运用旋转变化时，最好能与落点相结合，二者相辅相成。

任务三 健美操

一、健美操概述

健美操是一项深受广大群众喜爱、普及性极强，集体操、舞蹈、音乐、健身、娱乐于一体的体育项目，它是在音乐的伴奏下，以身体练习为基本手段，以有氧运动为基础，达到增进健康、塑造形体和娱乐目的的一项体育运动。从影响人体健康角度来说，对控制体重、减肥和改善体形体态、提高协调性和韵律感有良好效果。同时它大量吸收了迪斯科舞、爵士舞、霹雳舞中的上下肢、躯干、头颈和脚部动作，特别是髋部动作，这给健美操增添了活力，同时也有利于减少臀部和腹部脂肪的堆积，有利于改善动作的协调性和灵活性。

健美操作为一项独立的体育运动项目兴起的时间是 70 年代末，其明显的标志就是"简·方达健美操"的出现。作为现代健美操运动的发起人之一，简·方达根据自己的体会和实践编写了《简·方达健美操》一书并录制了录像，对健美操运动在世界范围内的流行与发展起了巨大的推动作用，也使简·方达成为 80 年代风靡世界的健美操杰出代表人物。

1. 健美操运动的分类

根据当今世界和我国健美操运动的发展状况和未来的发展趋势，按照不同的目的和任务，健美操运动可分为健身性健美操和竞技性健美操两大类。

健身性健美操练习的主要目的是锻炼身体、保持健康，其动作简单，实用性强，音乐速度也较慢，动作多有重复，并均以对称的形式出现，严格遵循健康、安全的原则。

竞技性健美操是在健身性健美操的基础上发展而来的，其主要目的是"竞赛"。竞技性健美操是在音乐的伴奏下，完成连续复杂的和高强度动作的能力，是以成套动作为表现形式,必须展示连续的动作组合、柔韧性、力量与七中步伐的综合使用并结合难度动作完美地完成。

2. 健美操运动的特点

首先,保持有氧代谢过程:其动作及套路的设计,保证健身者在运动的过程中最大限度地摄入氧气,并充分利用氧化来燃烧体内的糖原,突出燃烧脂肪作为能量供给为前提,实现加快体内新陈代谢、重新建立人体更高机能水平的目的。在这项有氧运动中,呼吸系统、心血管系统及大脑中枢神经系统都得到良好锻炼。

其次,广泛的适应性:健身性健美操练习的形式多样,不受场地、环境、气候等条件的影响,不同年龄的人可以选择不同强度的动作进行锻炼。

第三,注重个体的差异:健身性健美操的动作套路形式多样化,节奏有快有慢,套路有长有短,动作有难有易,运动量和运动的强度大小可以任意调节,不同阶层、不同行业、不同年龄、不同性别、不同体质的人都能进行锻炼。

第四,健身的安全性:健身性健美操所设计的运动负荷及运动节奏,充分考虑了由运动而产生一系列刺激结果的可行性,使之适合一般人的体质,甚至体质弱的人都能承受的有氧范围。人们在平坦的地面上,在欢快的音乐声中,跟随快慢有序的节奏进行运动,十分安全、有效。

3. 健美操运动的功能

首先,增进健康的功能:健美操作为一项有氧运动,最能发展人体的心肺功能,增强心肌,增加肺活量,减少呼吸系统疾病。

其次,塑造形体美功能:长期的健美操练习有益于肌肉、骨骼、关节的匀称与和谐发展,有利于改善不良的身体形态,形成优美的姿态,从而在日常生活中表现出一种良好的气质与修养,给人以朝气蓬勃、健康向上的感觉。

第三,缓解精神压力,娱乐身心的功能:在轻松优美的健美操锻炼中,练习者的注意力从烦恼的事情上转移开,忘掉失意与压抑,尽情享受健美操运动带来的欢乐,获得内心的安宁,从而缓解精神压力,使人具有更强的活力和最佳的心态。

第四,医疗保健的功能:健美操作为一项有氧运动,其特点是强度低、密度大,运动量可大可小,容易控制,除了对健康的人具有良好的健身效果外,对一些病人、残疾人和老年人而言也是一种理想的医疗保健手段。只要控制好运动范围和运动量,健美操练习就能在预防损伤的基础上,达到医疗保健的目的。

二、健美操术语

1. 方向术语

前、后、左、右、右后、左后、右前、左前、顺时针、逆时针。

2. 移动术语

移动、向前、向后、向侧、原地、转体、绕圆。

3. 基本步伐名称术语

踏步、走步、一字步、V字步、漫步、并步、交叉步、点地、后屈腿、吸腿、摆腿、踢腿、跑、双脚跳、开合跳、单腿跳、弹踢腿跳、半蹲、弓步。

4. 上肢动作名称术语

屈臂、伸臂、侧举、前举、低摆、上提、下拉、胸前推、肩上推、冲拳、绕、绕环、摆动、交叉。

三、健美操基本动作

1. 健美操七种基本步伐

(1) 踏步:大腿抬平,小腿自然下垂,落地时用前脚掌过渡到全脚掌,两臂前后自然摆动,身体保持自然,传统的低强度步伐。如图8-3-1所示。

(2) 吸腿跳:单腿跳起,另一腿屈膝向前上提,膝关节最低90°,脚尖必须伸直,落地时,脚尖过渡到脚后跟。如图8-3-2所示。

(3) 踢腿跳:一腿前踢,腿要抬平或更高,膝盖伸直,收腹立腰。落地还原到位,两腿交替进行。如图8-3-3所示。

(4) 后踢腿跳:一腿跳起,另一腿屈膝后摆,髋和膝在一条线上。跑跳过程中,膝、踝关节充分缓冲。如图8-3-4所示。

（5）弹踢腿：一腿跳起，另一腿屈膝后摆，接着向前弹踢。低的膝关节和髋关节运动，膝、髋伸展要有控制（不生硬），高强度。如图8-3-5所示。

（6）开合跳：双脚蹬跳起落至两脚开立，两膝微屈，两膝在两脚尖的正上方，双脚蹬跳。原成直立，脚尖过渡到全脚掌，上体保持正直。动作要起伏、连贯、有弹性。如图8-3-6所示。

（7）弓步跳：并腿跳起，落地时成一腿在前、一腿在后的弓步，上体尽量保持正直。如图8-3-8所示。

图8-3-1　　　　　　　　　　　　　图8-3-2

图8-3-3　　　　　　　　　　　　　图8-3-4

图 8-3-5

图 8-3-6　　　　　　　　　　　　图 8-3-7

2. 健美操基本手型

健美操手型主要有掌和拳两种。

(1)掌包括合掌、分掌、花掌(图 8-3-8)。

合掌:五指用力并拢,手指伸直。

分掌:五指用力分开。

花掌:分掌基础上,拇指、小指内扣。

(2)拳:四指向掌心弯曲,拇指紧扣四指的中间关节。如图 8-3-9 所示。

图 8-3-8　　　　　　　　　　　　图 8-3-9

四、健美操操化动作组合

第一个八拍如图 8-3-10 所示。

1 拍右脚向前提踵走一步,同时右臂前举(掌心向左)。

2 拍左脚向前提踵走一步,同时左臂前举(掌心向右)。

3 拍右脚向前提踵走一走,同时右臂上举(掌心向左)。

4 拍左脚向前提踵走一步并于右脚,同时左臂上举(掌心向右)。

5 拍落踵半蹲,同时右臂侧举(掌心向下)。

6 拍起立,同时右臂上举(掌心向左)。

7~8 拍同 5~6 拍。

图 8-3-10

第二个八拍如图 8-3-11 所示。

1 拍,右脚提踵右出一步,同时左臂前举(掌心向右)。

2 拍,左脚提踵并于右脚,同时右臂前举(掌心向左)。

3 拍,右脚提踵右出一步,同时左臂还原贴于体侧。

4拍,左脚提踵并于右脚,同时右臂还原贴于体侧。

5拍,落踵提蹲,同时左臂侧举(掌心向下)。

6拍,起立,同时左臂还原贴于体侧。

7~8拍同5~6拍。

第三~第四个八拍同第一~第二个八拍,动作相同。

图8-3-11

第五个八拍如图8-3-12所示。

1拍,左脚为轴向右后转体180°至开立,同时右臂肩侧下屈(大小臂垂直向下,掌心向后)。

2拍,整左臂肩侧下屈(掌心向后)。

3拍,右小臂垂直翻上(掌心向前)。

4拍,左小臂垂直翻上(掌心向前)。

5拍,右臂屈肘上举于头上方(掌心向前)。

6拍,左臂屈肘上举与右臂交叉于头上方(掌心向前)。

7拍,右臂肩侧上屈(大臂与肩平,小臂垂直向上,掌心向前)。

8拍,左臂肩侧上屈(掌心向前)。

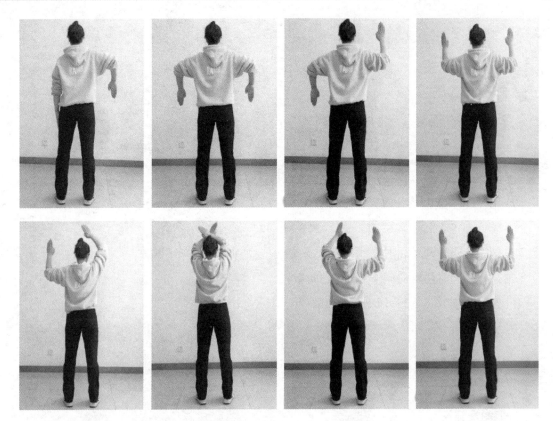

图 8-3-12

第六个八拍如图 8-3-13 所示。

1拍,右小臂垂直翻下(掌心向后)。

2拍,左小臂垂直翻下(掌心向后)。

3拍,右臂屈肘内收至腹前(掌心向后)。

4拍,左臂屈肘内收至腹前与右臂交叉(掌心向后)。

5拍,以左脚为轴向左前转体180°成开立,同时两臂肩侧下屈(掌心向后)。

6拍,半蹲,同时两臂屈肘内收至腹前交叉(掌心向后)。

图 8－3－13

7 拍,半蹲,同时两臂屈肘上举于头上方交叉(掌心向前)。

8 拍,起立,同时两臂肩侧下屈(掌心向后)。

第七个八拍如图 8－3－14 所示。

图 8－3－14

1 拍,两小臂同时垂直翻下(掌心向后)。

2 拍,半蹲,同时两臂屈肘内收至腹前交叉(掌心向后)。

3 拍,起立,同时两臂肩侧下屈(掌心向后)。

4拍,半蹲,同时两臂屈肘内收至腹前交叉(掌心向后)。

5拍,半蹲,同时两臂屈肘上举于头上方交叉(掌心向前)。

6拍,起立,同时两臂屈肘内收至腹前交叉(掌心向后)。

7~8拍,同1~2拍。

第八个八拍如图8-3-15所示。

1拍,起立,同时左脚并于右脚,左臂贴于体侧,右臂侧举(掌心向下)。

2拍,半蹲,同时右臂垂直向下屈肘(掌心向后)。

3拍,起立,同时右臂侧举(掌心向下)。

4拍,半蹲,同时右臂还原贴于体侧。

5~8拍,同1~4拍,换左臂做,动作相同。

图8-3-15

第九个八拍如图8-3-16所示。

1拍,右脚右出一步,同时右臂侧举(掌心向下)。

2拍,左脚并于右脚,同时半蹲,右臂垂直向下屈肘(掌心向后)。

3拍,起立,同时右脚右出一步,右臂侧举(掌心向下)。

4拍,左脚并于右脚,同时半蹲,右臂还原贴于体侧。

图 8-3-16

5拍,起立,同时左脚左出一步,左臂侧举(掌心向下)。

6拍,右脚并于左脚,同时半蹲,左臂垂直向下屈肘(掌心向后)。

7拍,同5拍。

8拍,同4拍,换右脚并左脚,左臂做。

第十个八拍如图8-3-17所示。

图 8-3-17

1拍,右脚右出一步,同时右臂侧举(掌心向下)。

2拍,左脚并于右脚,同时半蹲,右臂垂直向上屈肘(掌心向前)。

3拍,起立,同时右脚右出一步,右臂上举(掌心向前)。

4拍,左脚并于右脚半蹲,同时右臂经侧还原贴于体侧。

5拍,起立,同时左脚左出一步,左臂侧举(掌心向下)。

6拍,右脚并于左脚,同时半蹲,左臂垂直向上屈肘(掌心向前)。

7拍,同5拍,但左臂上举(掌心向前)。

8拍,同4拍,换右脚并左脚,左臂经侧还原。

第十一个八拍如图8-3-18所示。

图8-3-18

1拍,起立,同时右脚向前一步(重心前移),左腿后屈膝提起,左臂胸前平屈,右臂侧举。

2拍,重心后移至左脚,同时右腿自然屈膝前提,两臂还原贴于体侧。

3拍,右脚后退一步(重心后移),同时左腿自然屈膝前提,左臂侧举,右臂胸前平屈(掌心向下)。

4拍,重心前移至左脚,同时右腿自然屈膝后提,两臂还原贴于体侧。

5~8拍,同1~4拍。

第十二个八拍如图8-3-19所示。

1拍,右脚向前一步(重心前移),同时左腿自然屈膝后提,左臂胸前平屈,右臂侧举(掌心向下)。

2拍,重心后移至左脚,同时右腿自然屈膝前提,两臂上举(掌心相对)。

3拍,右脚后退一步(重心后移),同时左腿自然屈膝前提,左臂侧举,右臂肩侧上屈(掌心向左)。

4拍,重心前移至左脚,同时右腿自然屈膝后提,两臂还原贴于体侧。

5拍,右脚向前一步(重心前移),同时左腿自然屈膝后提,左臂侧举,右臂胸前平屈。

6拍,重心后移至左脚,同时右腿自然屈膝前提,两臂上举(掌心相对)。

7拍,右脚后退一步(重心后移),同时左腿自然屈膝前提,左臂肩侧上屈(掌心向右),右臂侧举（掌心向上）。

8拍，重心前移至左脚，同时右腿自然屈膝后提，两臂还原贴于体侧。

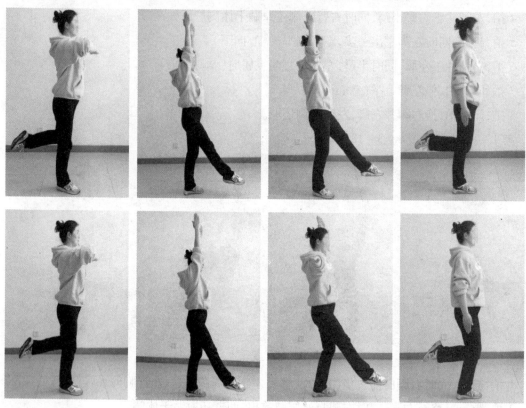

图8-3-19

第十三个八拍如图8-3-20所示。

图8-3-20

1拍，跳至开立，同时两臂侧举立掌（掌心向外，指尖向上），直臂上下振动1次。

2拍，两臂继续上下振动1次。

3拍，同2拍。

4拍,同2拍。

5~8拍,两臂侧举屈腕(掌心向内,指尖向下),上下振动4次(一拍一动)。

第十四个八拍如图8-3-21所示。

图8-3-21

1拍,半蹲,同时两臂肩上屈肘(大臂与肩平,屈肘小臂靠拢大臂)立掌(掌心向内,指尖向上)低头。

2拍,起立,同时两臂侧举立掌(掌心向内,指尖向上),抬头。

3~4拍,同1~2拍。

5~8拍,同1~4拍。

第十五个八拍如图8-3-22所示。

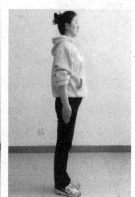

图8-3-22

1拍,右脚下向前一步(重心前移),同时左腿自然屈膝后提,两臂经前摆至斜上举(掌心向上)。

2拍,重心后移至左侧,同时右腿自然屈膝前提,两臂旋内小绕加向内翻腕(掌心向下,指尖向外)。

3拍,右脚后退一步(重心后移),同时左腿自然屈膝前提,两臂经前还原贴于体侧。

4拍,左脚并于右脚还原。

5~8拍,同1~4拍。

第十六个八拍如图8-3-23所示。

图8-3-23

1拍,右脚向左前出一步,同时向左转体45度,左腿自然屈膝后左臂前举,右臂经前向上绕(掌心向内)。

2拍,重心后移到左脚,同时右腿自然屈膝提起,右臂继续绕至上举(掌心向内)。

3~4拍,以左脚为轴向右后转体90°,同时右脚右出一步成开立(面对右前方),两臂侧举(掌心向前)。

5拍,半蹲,同时两臂垂直向上屈肘(掌心向前,指尖向上)。

6拍,起立,同时两臂上举(掌心向前)。

7~8拍,左脚并于右脚,同时两臂经侧还原贴于体侧。

第十七个八拍如图8-3-24所示。

1拍,右脚向前一步(重心前移),同时左腿后屈膝提起,两臂屈肘在体侧向下伸臂一次呈击鼓状(半握拳,拳眼向上)。

2拍,重心后移至左脚,同时右腿自然屈膝提起,两臂在体侧上下屈伸一次呈击鼓状(半握拳,拳眼向上)。

3拍,右脚后退一步(重心后移),同时左腿自然屈膝提起,两臂在体侧上下屈伸一次呈击鼓状(半握拳,拳眼向上)。

4拍,重心前移至左脚,同时右腿后屈膝提起,臂同3拍。

5~8拍,同1~4拍。

图8-3-24

第十八个八拍同第十七个八拍。

心智主导类业群体育与健康

1. 了解心智主导类业群的素质要求特点,积极参加体育锻炼;
2. 掌握一到两项运动技能和保健方法,学会自我锻炼的方法;
3. 促进身心健康发展,提高职业素养,增加社会适应和职业能力。

项目9 心智主导类业群体育与健康概述

一、岗位应用性体育与健康

1. 岗位应用性体育与健康的特点

心智主导类业群(专业主要对应未来的第一职业岗位),身体姿势多以"伏案型"为主(长时间坐在办公桌前工作),偏重于脑力劳动。工作环境上多以办公室为主,受气候温度影响较小;劳动负荷仅从常规身体素质而言,对人体各部分的力量、耐力、奔跑的速度能力要求很低,对身体素质要求主要体现局部小肌群小强度耐力、灵敏协调和神经系统配合方面,如医生、电子商务类职业等。由于偏重于脑力劳动,对大脑神经系统的要求特别高,如长时间的有意注意能力,大脑长时间工作抗疲劳能力,眼睛适应能力等。从"伏案型"工作体征和神经系统的要求来看,心智主类专业的应用性素质应该着重于颈部、躯干后背肌群、手指、手腕、前臂肌群的小强度肌肉耐力练习;加强神经有意控制下手指活动范围和触觉、灵敏协调性能力,长时间工作的神经抗疲劳能力,手眼协调配合能力、调心、缓解心理压力等内容,提高适应心智性工作岗位的身体需求。

2. 岗位应用性体育与健康的主要内容

(1)专门性心智素质训练。主要包括颈部耐力训练、头部保健训练、神经调控训练等。
(2)综合性心智素质训练。主要包括八段锦、太极拳、五禽戏等内容训练。

3. 岗位应用性体育与健康的注意事项

(1)内容选择具有针对性。心智主导类应用性项目的选择主要以体现神经系统自身的抗疲劳及有意注意工作能力,调控局部小肌群能力等为训练目标。学习者要能结合自己的专业工作特点进行消化理解与应用。

(2)学习要有发散性。限于篇幅等,并不能把心智主导类特点突出的项目尽列其中。本主题只是告诉学习者为什么学、学习什么、怎么学的问题,重在为学习者提供指导。另外,考虑项目练习的重复性,本主题对躯干耐力练习不在罗列,学习者可参考体能主导类业群部分训练。

二、岗位补偿性体育与健康

1. 岗位补偿性体育与健康的特点

对应心智主导类职业,主要以脑力和一小部分的肌肉频繁活动为主。由于工作特征以伏案型为主,应用性素质主要集中在颈、背、手指等部位,而对胸、腰、上下肢肌肉群力量要求度不高,以及心血管系统、呼吸系统等机体器官要求很低,必然会造成这些部位的运动"饥饿"现象,导致肌肉、关节等器官功能性下降。同时,心智主导类对着电脑上班越来越成为普遍现象,长时间伏案型工作姿势,日积月累,可能会诱发电脑眼、鼠标手、颈椎病等职业病。

2. 岗位补偿性体育与健康的主要内容

(1)预防运动"饥饿"补偿。如胸、腰、上下肢肌肉群素质训练等内容(具体参照体能主导类业群岗位应用性对应部位训练法,本篇实践部分不再重复)。
(2)常见职业病及预防保健。如电脑眼、鼠标手、精神疲劳等预防保健内容。

3. 岗位补偿性体育与健康的注意事项

(1)因地制宜,增强保健意识。本主题涉及的场地、器材较少,可利用身边的一些可以利用的道具进行练习,如向饮料瓶里加水或沙子等进行练习。练习前都要进行必要的热身运动,降低肌肉的黏滞性,提高神经兴奋性,以免造成运动损伤。职业病以预防为主,对于已经病变的患处,需到医院进行治疗,对于颈椎和腰椎病预防可参照体能主导类和灵巧主导类业

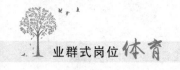

群补偿部分训练方法。

（2）本主题力量练习与体能主导类力量练习有异。本主题力量练习重在补偿,力量练习倾向于中小强度,运动负荷也偏中小范畴。而体能主导类力量倾向于大强度,运动负荷一般较大,以适应体能类职业岗位要求。参照体能主导类业群岗位应用部分训练方法时,只要在负荷上适当控制就行了。

三、岗位拓展性体育与健康

1. 岗位拓展性体育与健康的特点

心智主导类业群对劳动者的心智素质要求是较高的,对身体体能性素质要求不高。为适应心智主导类业群岗位需求,选择拓展性体育尽量能体现三个特点：一是培养体育兴趣方面。通过产生兴趣后掌握一两项体育技能,运用在校期间掌握的体育技能,在职业生涯中就能转化为主动自觉地参与运动,促进终身的身心健康发展。二是掌握特殊技能方面。心智主导类专业的特点是多以脑力劳动为主,对此类专业学习者的抗压能力培养尤其重要,抗压能力就是在外界压力下处理事务的能力。三是增强职业素养方面。体育精神很大程度在于其竞争合作、意志质量、行为和思维习惯等,通过集体体育活动的比赛提高学习者的竞争与合作能力等;通过长时间的体育活动,特别是心理耐力性内容的刺激,考验和培养学习者的意志质量。

2. 岗位拓展性体育与健康的主要内容

（1）拓展兴趣；

（2）拓展特殊技能；

（3）拓展职业素养。

心智主导类业群岗位拓展性内容应侧重于街舞、花样跳绳、瑜伽、女子防身术、形体练习、游泳、气功、台球、户外CS等放松神经、提高注意力、运动休闲性内容。

3. 岗位拓展性体育与健康的注意事项

（1）内容选择具有放松娱乐性。花样跳绳、户外CS、女子防身术等项目,主要缓解心智主导类专业的工作压力,在娱乐中促进身心健康水平的发展。学习时要能结合自己的专业工作特点进行消化理解与应用,既可系统学习,也可适当加大某一部分的技术片段学习。

（2）学习要有发散性。一是限于学校场馆设施、师资条件、教材篇幅等,并不能把一些心智类特点突出的项目尽列其中,学习时要能融会贯通,举一反三。二是就兴趣而言,心智主导类与体能主导类、灵巧主导类专业学习者都可以喜欢同一项目,作为兴趣爱好进行发展之间没有鸿沟,不要产生误解。拓展性项目划分相对而言,忌钻牛角尖。

项目 10　心智主导类岗位应用性体育与健康

任务一　专门性心智主导类素质基础训练

一、颈部耐力练习

1. 自抗力头后仰

预备：两腿自然开立与肩同宽（或坐在凳上），头先前倾，两手交叉握于头后（图 10-1-1）。然后头用力后仰，双手用适当的力前压，同时吸气，当头后仰到极限时（图 10-1-2）。双手施加多一点力把头压向胸前骨上，还原预备姿势，重复做 15~10 次，每次停 10 秒以上。动作要慢，手部用力不能太大，以免颈部受伤。

2. 自抗力头前压

预备姿势同上。开始时抬头，双手掌放置于额前（图 10-1-3）。双手用适当力将头向后推，头用力向前倾，当下巴碰胸前时（图 10-1-4），还原后仰，做 10~15 次。

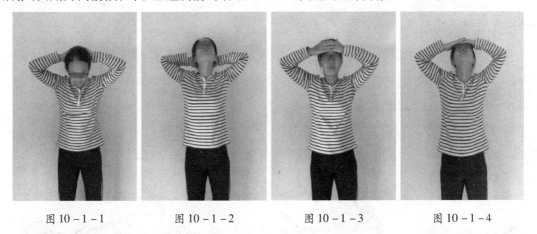

图 10-1-1　　　图 10-1-2　　　图 10-1-3　　　图 10-1-4

3. 自抗力头左倾

预备姿势同上。将右手五指按于头左侧太阳穴附近（图 10-1-5），头从右侧向左侧用力侧下，右手用适当的抵抗力，直至头侧向左肩附近，还原，做 10~15 次，每次停 10 秒以上。

4. 自抗力头右倾

预备姿势同上。练习方法同上,不同的是换右侧做(图10-1-6)。动作要求同上。

以上4个动作练习全做,这样颈部肌肉才能平衡发展。

图10-1-5　　　　　图10-1-6

5. 仰卧负重颈上抬

预备时仰卧在长凳上,头部伸出凳面,并低于凳面。双手持铁饼或哑铃于额前(图10-1-7),用力把头抬向胸前,同时吸气,到下巴接近胸部时(图10-1-8),呼气还原,此动作做10~15次,每次停10秒以上。

6. 俯卧负重颈后抬

预备时,俯卧在长登上,头部伸出凳面,并低于凳面,双手持重物于脑后(如图10-1-9),开始时头抬起,同时吸气,到极限时稍停两秒(图10-1-10),呼气,还原。此动作做10~15次,每次停10秒以上。

练习动作不能太急,以免颈部肌肉扭伤,每次练习后要进行10分钟左右的按摩放松。

图10-1-7　　　图10-1-8　　　图10-1-9　　　图10-1-10

二、头部保健练习

1. 头部保健法

(1) 倒立。

倒立除了能有效锻炼上肢及手部力量外,对于调节头部血液循环也有良好的作用效果,心智类从业人员,如果能坚持长期做倒立的动作,能有效解除疲劳,促进大脑血液循环,提高工作效率。倒立可分手倒立和头手倒立,也可以对墙做上述两动作,练习时,选择安静的环境,根据练习者的身体状况控制时间长短,不应闭气(图10-1-11)。

(2) 拉耳。

【方法】双手捏住耳朵,用力将耳朵向上、向下、向外、回位牵拉6次;再将耳垂向下牵拉6次;然后双手食指向前拨动耳郭堵住声音1秒后松开,再向后拨动耳郭,重复6次。

【功效】"耳珠属肾,耳轮属脾,耳上轮属心,耳皮肉属肺,耳背玉楼属肝";"十二经脉,上终于耳"。外耳形像一个倒立腹中的胎儿,五脏六腑均在其内,有诸条经络汇聚于耳郭周围。被动运动外耳,能使全身经络贯通,直接促进各脏腑功能,改善新陈代谢,振奋情绪(图10-1-12)。

(3) 拨头。

【方法】保持双肩平衡,挺背收腹,双手自然下垂。将右手掌贴在左耳上。将头拨向右边,继续保持腹、腰挺直不动和双肩平衡的同时,左肩朝后用力伸直5秒钟。松开头,还原,深吸一口气后吐气。左右各做6次(图10-1-13)。

图10-1-11　　　　图10-1-12　　　　图10-1-13

【功效】可以扩张颈动脉,增加脑血流量,使脑部获得更多氧气,改善脑血液循环,增强脑功能。有助于放松颈背肌肉,减轻疲劳感,缓解压力,增强体力。

2. 头部保健操

（1）五指梳头。

张开五指如梳，单手或双手并用均可，从前额发际处向后，经头顶梳向头发后际，先慢后快，每次5～10分钟，早晚各一次。此法集梳发、按摩头部、推拿穴位于一体，只要持之以恒，就能有助于生发、乌发、明目（图10-1-14）。

（2）揉捏耳郭。

人体的经脉与耳朵有密切联系，每个脏器在耳部都有代表区，一旦某个脏器有病了，该脏器的代表区就会有反应点。每天早、晚捏耳郭10～20次，刺激耳郭上的穴位，就能达到养生的目的（图10-1-15）。

（3）叩齿运舌。

每天早晚叩齿一次，即上下颌牙齿轻轻叩击，每次叩1～2分钟，可健齿、固齿、强肾。叩齿后即运舌2～3分钟。其方法是用舌舔牙齿，有意识地将舌体前后、上下、左右反复搅动，并咽下唾液。这样能提高味觉细胞的敏感性，改善口腔内血液循环，增进食欲，有益人体健康（图10-1-16）。

（4）搓面鼓腮。

每天早、晚洗脸后，用手上下反复搓擦面部10～20次，使皮肤发红，然后反复鼓动两腮，坚持锻炼，可使面部皮肤保持张力，防止脂肪在下颌和面部的堆积，并有利于面部防皱及美容（图10-1-17）。

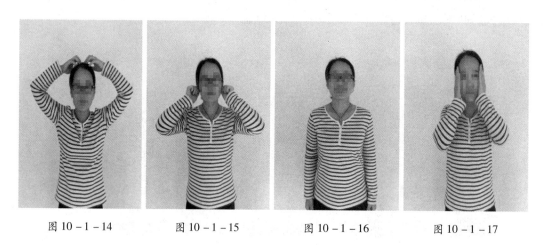

图10-1-14　　　　图10-1-15　　　　图10-1-16　　　　图10-1-17

（5）旋转眼球。

传统医学认为，眼睛与人体各经络联系紧密。因此，每天早晚旋转眼球10余次，可促进血液循环，有明目健身的作用（图10-1-18、图10-1-19）。

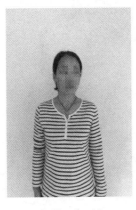

图 10 – 1 – 18　　　　　图 10 – 1 – 19

（6）摆头点头。

头部从左到右,再从右到左来回摆动 9 下;然后再上下点头 9 下,向前、向后摆动同左右（图 10 – 1 – 20、图 10 – 1 – 21）。

（7）头部穴位按。

即对头部百会、印堂、太阳穴、风池等 23 个穴位进行重按轻揉,按摩 10 余下左右,坚持每 3 天或一周进行一次,对人体健康大有好处,其他空位按摩同上（图 10 – 1 – 22）。

图 10 – 1 – 20　　　　　图 10 – 1 – 21　　　　　图 10 – 1 – 22

三、手指练习

1. 手指神经调控练习

（1）先把手平放在桌面上,掌心向下,然后,依次翘起手指,并放下（图 10 – 1 – 23）。

（2）拇指依次和其他手指成"O"字形,其他手指成伸直状态（图 10 – 1 – 24）。

（3）向内弯曲大拇指,使其尽量靠近手掌,随后向外伸出大拇指,使其尽量远离手掌（图 10 – 1 – 25、图 10 – 1 – 26）。

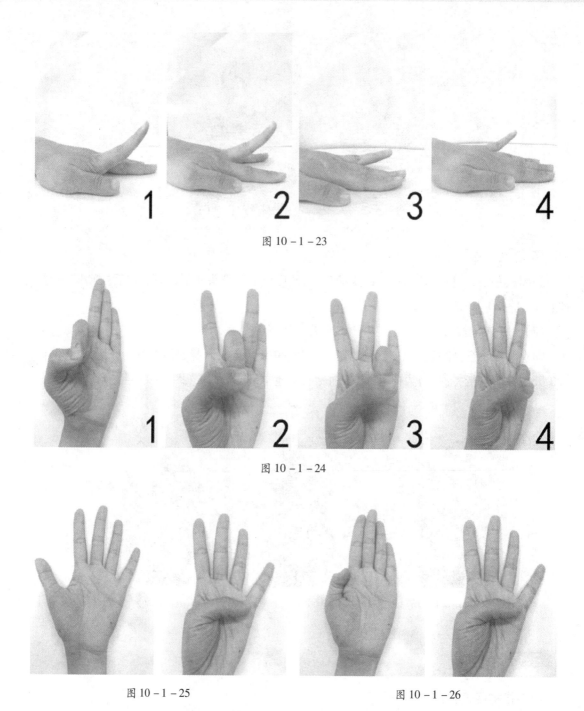

图 10 - 1 - 23

图 10 - 1 - 24

图 10 - 1 - 25　　　　　　　　　图 10 - 1 - 26

　　(4)在硬物的辅助下,向内尽力弯曲第一节手指的同时,伸直第二、第三节手指。保持一段时间后伸直第一节手指(图 10 - 1 - 27)。

　　(5)用大拇指与食指捏住一块布或一张报纸,将手臂向前伸直。通过其余手指运动,将布或报纸揉捏成团。重复以上步骤直至手与手指感到疲倦(图 10 - 1 - 28、图 10 - 1 - 29)。

图 10 - 1 - 27　　　　图 10 - 1 - 28　　　　图 10 - 1 - 29

2. 心智主导类手指操练习

（1）弹手指（图 10 - 1 - 30）。

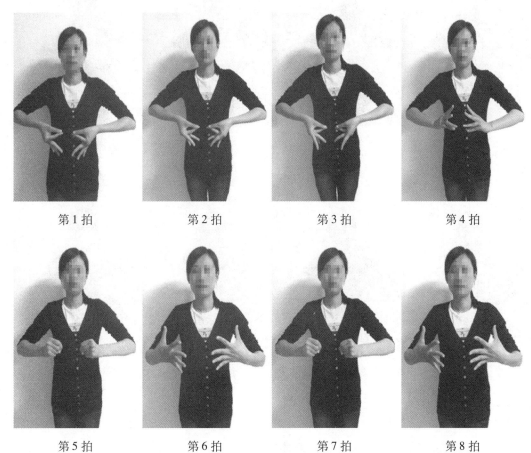

图 10 - 1 - 30

共四个八拍，第一个八拍：

1拍,左手大拇指与食指指尖靠拢弹指,其余三指伸直分开,右手同左手;

2拍,左手大拇指与中指指尖靠拢弹指,其余三指伸直分开,右手同左手;

3拍,左手大拇指与无名指指尖靠拢弹指,其余三指伸直分开,右手同左手;

4拍,左手大拇指与小拇指指尖靠拢弹指,其余三指伸直分开,右手同左手;

5拍,双手握紧成拳;

6拍,双手五指张开;

7~8拍,同5~6拍。

第二、三、四个八拍同第一个八拍。

(2)压手指(图10-1-31)。

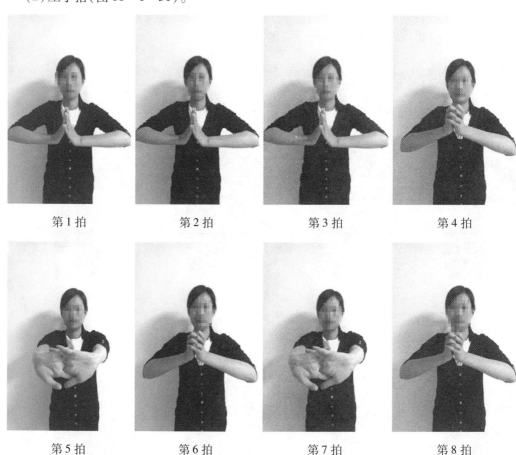

图10-1-31

共四个八拍,第一个八拍:

1拍,五指伸直,左手指尖与右手指尖相对按压一次;

2~3拍,同第1拍;

4拍,掌心相对,十指交叉互握;

5拍,十指交叉内翻,掌心向外,手臂成前平举;

6拍,两臂收回掌心相对,十指互握,放于胸前;

7~8拍,同5~6拍。

第二、三、四个八拍同第一个八拍。

(3)拉手指。

共四个八拍,第一个八拍(图10-1-32):

1拍,右手握住左手食指轻拉一次;

2拍,右手握住左手中指轻拉一次;

3拍,右手握住左手无名指轻拉一次;

4拍,右手握住左手小拇指轻拉一次;

5~8拍,左手握住右手手指,动作同一、二、三、四拍。

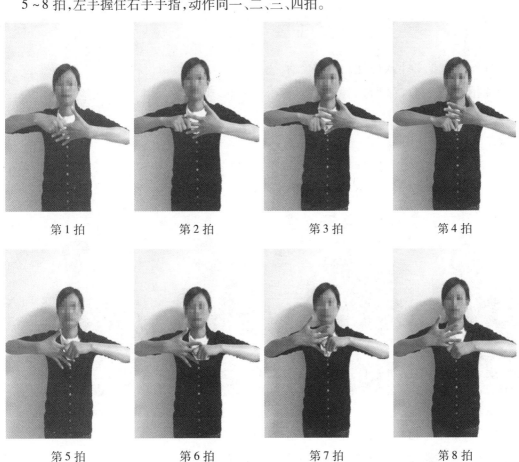

图10-1-32

第二个八拍(图10-1-33):

1~4拍,两手掌相对按压(一拍一次),左手五指并拢指尖向下,右手五指并拢指尖向上;

5~8拍,两手掌相对按压(一拍一次),右手五指并拢指尖向下,左手五指并拢指尖向上;第三个八拍同第一个八拍;第四个八拍同第二个八拍。

第1至4拍　　　　第5至8拍

图10-1-33

(4)搓手指。

共四个八拍,第一个八拍(图10-1-34):

1~4拍,手掌相对,右手顺时针搓左手四次(一拍一次);

5~8拍,两手手掌相对上下搓四次(一拍一次)。

第二个八拍(图10-1-35):

1~4拍,手掌相对,左手逆时针搓右手四次(一拍一次);

5~8拍,两手手掌相对上下搓四次(一拍一次)。

第1至4拍　　　第5至8拍　　　第1至4拍　　　第5至8拍

图10-1-34　　　　　　　　图10-1-35

第三个八拍(图10-1-36):

1拍,两手相对,左手成掌,右手成拳触及左手掌掌跟;

2拍,右手伸直与左手合掌;

3拍,右手指尖贴住左手手指,掌跟向手指靠拢,掌跟贴住左手手指;

4拍,右手伸直;

5~8拍,左右手互换,动作同一、二、三、四拍。

第四个八拍同第三个八拍。

第1拍

第2拍

第3拍

第4拍

第5拍

第6拍

第7拍

第8拍

图10-1-36

(5)锤击手。

共四个八拍,第一个八拍(图10-1-37):

第1、2拍

第3、4拍

第5、6拍

第7、8拍

图10-1-37

1~2拍,两手成拳,拳心向下,拳眼互捶两次;

3~4拍,两手成拳,拳心向上,拳轮互捶两次;

5~8拍,动作同1~4拍。

第二个八拍(图10-1-38):

第1、2拍　　　　第3、4拍　　　　第5、6拍　　　　第7、8拍

图10-1-38

1~2拍,右手握成拳捶左手掌心;

3~4拍,左手握成拳捶右手掌心;

5~6拍,右手握成拳捶左手手背;

7~8拍,左手握成拳捶右手手背。

第三个八拍同第一个八拍;第四个八拍同第二个八拍。

(6)绕手腕。

共四个八拍,第一个八拍(图10-1-39):

第1至4拍　　　　第5至8拍

图10-1-39

1~4拍,两手握拳向内绕环四次;

5~8拍,两手握拳向外绕环四次。

第二个4八拍(图10-1-40):

第1、2拍

第3、4拍

第5、6拍

第7、8拍

图10-1-40

1~2拍,两手臂前平举十指交叉互握,拇指向下;

3~4拍,两臂向下内旋至胸前屈肘,十指交叉互握不变;

5~6拍,同1~4拍。

第三个八拍同第一个八拍;第四个八拍同第二个八拍。

(7)压手腕。

共四个八拍,第一个八拍(图10-1-41):

1~4拍,左手手掌向外,手指向下,右手握住左手手指向身体方向按压(一拍一次);

5~8拍,右手手掌向外,手指向下,左手握住右手手指向身体方向按压(一拍一次)。

第二个八拍(图10-1-42):

第1至4拍

第5至8拍

图10-1-41

第1至4拍

第5至8拍

图10-1-42

1~4拍,两臂前平举,两手成拳,拳心向下向身体方向按压(一拍一次),肘关节伸直;

5~8拍,两臂前平举,两手成拳,左拳顺时针、右拳逆时针旋转一圈。

第三个八拍同第一个八拍;第四个八拍同第二个八拍。

(8)甩手放松(图 10 - 1 - 43)

第 1 至 4 拍　　　　第 5 至 8 拍

图 10 - 1 - 43

两个八拍,第一个八拍:

1~8 拍,两手臂自然下垂,甩手四次,手指放松。

第二个八拍同第一个八拍。

任务二　综合性心智素质基础训练

一、八段锦

1. 预备式

【动作解说】两脚并步站立,两臂垂于体侧,目视前方,左脚向左开步,与肩同宽,两臂内旋向两侧摆起,与髋同高,掌心向后。两腿膝关节稍屈,同时两臂外旋,向前合抱于腹前,掌心向内,两掌指尖距约 10 厘米,目视前方。如图 10 - 2 - 1、图 10 - 2 - 2 所示。

【动作要点】头向上顶,下颌微收,舌顶上颚,嘴唇轻闭,沉肩坠肘,腋下虚掩,胸部宽松,腹部松沉,收髋敛臀,上体中正。

【易犯错误】抱球时大拇指往上翘,其余四指朝向地面,塌腰、跪腿、八字脚。

【正确做法】沉肩垂肘,大拇指放平,收髋敛臀,命门穴放松,膝关节不超过脚尖,两脚平行站立。

图 10 – 2 – 1　　　　　图 10 – 2 – 2

【功法作用】宁静心神,调整呼吸,内安五脏,端正身形,从精神和肢体上做好练功前的准备。

2. 第一式:两手托天理三焦

【动作解说】首先两臂外旋微下落,两掌五指分开在腹前交叉,掌心向上,目视前方。然后,两掌挺膝伸直,同时两掌上托与胸前,随后两臂内旋向上托起,掌心向上,抬头目视两掌,两掌继续上托,肘关节伸直,同时下合内收,动作稍停,目视前方。然后,两腿膝关节微屈,同时两臂分别向身体两侧下落,两掌捧于腹前,掌心向上,目视前方。全部动作一上一下为一次,共做三次。如图 10 – 2 – 3 ~ 图 10 – 2 – 6 所示。

【动作要点】两掌上托要舒胸展体,略有停顿,保持身拉,两掌下落,松腰成宽,沉臂坠肘,松腕竖指,上体通正。

【易犯错误】两掌上托时抬头不够,上举时松懈断劲。

【正确做法】两掌上托,舒胸展体,缓慢用力,下颌先向上注力,再内收,配合两掌上撑,力有掌根。

图 10 – 2 – 3　　　图 10 – 2 – 4　　　图 10 – 2 – 5　　　图 10 – 2 – 6

【功法作用】根据中医说法,脐以下为下焦,胸格至脐为中焦,胸格以上为上焦。这一式动作,通过两手交叉上举,缓慢用力,保持身拉,可使三焦通畅,气血调和。通过拉长躯干与上肢各关节周围的肌肉与韧带、下关节软组织,对提高关节的灵活性,防治肩骨颈椎疾患,对缓解颈椎病症状具有良好的作用。

3. 第二式:左右开弓似射雕

【动作解说】第一个动作,重心右移,左脚向左开步站立,膝关节缓慢伸直,两掌向上交插于胸前,左撑在外,目视前方。第二个动作,右掌曲指,向右拉到臂前,左掌成八字撑,左臂内旋,向左推出,与肩同高,同时,两脚屈膝半蹲成马步,动作略停,目视左前方。第三个动作,重心右移,两手变自然掌,右手向右画弧与肩同高,掌心斜向前,重心继续右移,左脚回收后,向右跨右脚,成马步,右式动作与左式相同,只是左右相反。如图10-2-7~图10-2-10所示。最后身体重心继续左移,右脚回收成开步站立,膝关节微曲,同时两掌下落,捧于腹前,目视前方。

【动作要点】侧拉之手五指要并拢,躯挺,肩臂放平,八字掌侧撑与沉肩坠肘,躯腕竖指,掌心含空。

【易犯错误】端臂,弓腰,八字脚。

【正确做法】沉肩坠肘,上体直立,两脚跟外称。

【功法作用】展肩扩胸,可刺激督脉背部俞穴,同时调节手太阴,肺经等经脉之所。它能有效地发展下肢的肌肉,提高平衡和协调能力,同时增加前臂和手部肌肉的力量,提高手腕关节及指关节的灵活性,并有利于矫正驼背肩内收等不良姿势,能很好地预防肩、颈疾病。

图10-2-7　　　　图10-2-8　　　　图10-2-9　　　　图10-2-10

4. 第三式:调理脾胃需单举

【动作解说】第一个动作,两腿挺膝伸直,同时左掌上托,经面前上穿,随之臂内旋上举至头的左上方,右掌同时随臂内旋下按至右髋旁,指尖向前,动作略停。第二个动作,两腿膝关节微屈,同时左臂驱肘外旋,左掌经面前下落于腹前,同时右臂外旋,右掌外旋向上捧于腹前,目视前方。右式动作与左式动作相同,但左右相反。最后移动时,两腿膝关节微屈,右掌下压至右髋旁,指尖向前,目视前方。如图 10-2-11~图 10-2-14 所示。

【动作要点】舒胸展体,拔长腰脊,两肩松沉,上撑下按,力在撑根。

【易犯错误】两掌手指方向不正,肘关节没有弯曲度,上体不够舒展。

【正确做法】注意两掌放平,指尖摆正,力在掌根,肘关节稍屈,对拉拔长。

【功法作用】通过左右上肢,一松一紧的上下对拉,可以牵拉腹腔,对中焦脾胃起到按摩的作用,同时,可以刺激胸于斜骨的相关经络,以及背部输血等。具有调理脏腑经络的作用。该式动作可使脊柱内各锥骨间的小关节及小肌肉得到锻炼,从而增强脊柱的灵活性与稳定性,有利于预防和治疗肩、颈疾病。

图 10-2-11　　　图 10-2-12　　　图 10-2-13　　　图 10-2-14

5. 第四式:五劳七伤往后瞧

【动作解说】第一个动作,两腿伸直,重心升起,同时两臂伸直,指尖向下,目视前方。第二个动作,上动不停,两臂外旋,掌心向外,头向左后转,动作稍停,目视左斜后方。第三个动作,两腿膝关节微屈,同时两臂内旋按于髋旁,指尖向前,目视前方。右式动作与左式相同,方向相反。最后移动时,两腿膝关节微屈,同时两掌捧于腹前,目视前方。如图 10-2-15~图 10-2-18 所示。

【动作要点】头向上顶,肩向下沉,转头不转体,悬臂,两肩后张。

【易犯错误】上体后仰,转头又转体,转头与悬臂不充分。

【正确做法】下颌内收,转头悬臂弧度应该大一些。

【功法作用】五劳是指心、肝、脾、肺、肾等五劳损伤,七伤指喜、怒、悲、忧、恐、惊、思七情伤害。这个动作通过上肢伸直、外旋扭转的劲力牵张作用,可以扩张牵拉胸腔、腹腔多脏腑,往后瞧的转头动作,可以刺激颈部大锥穴,以及背部五脏六腑的输血,达到防治五劳七伤的目的。这一动作,还能增加颈部及肩关节周围能与运动的肌群的收缩力,增加颈部运动幅度,活动眼肌,改善眼肌疲劳及肩颈等背部疾患,改善颈部及脑部血液循环,有助于消除中枢神经系统的疲劳。

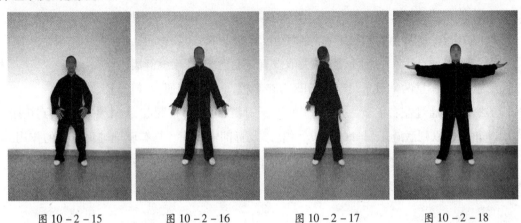

图 10-2-15　　　　图 10-2-16　　　　图 10-2-17　　　　图 10-2-18

6. 第五式:摇头摆尾去心火

【动作解说】第一个动作,重心左移,右脚向右开步站立,同时两掌上托至头上方,肘关节微屈,指尖相对,目视前方。第二个动作,两脚屈膝半蹲成马步,同时,两掌下按,浮于膝关节上方。第三个动作,重心向上稍升起,随之重心右移,上体向右侧移,俯身,目视右脚面。第四个动作,重心左移,同时上体由右向前、向左旋转,目视右脚根。第五个动作,重心右移成马步,头以颈轴,尾骨以腰为轴,做逆时针运动,最后,上体立起,随之,下颌微收,目视前方。右式动作与左式动作相同,方向相反,最后的摇头摆尾做顺时针运动。结束后重心左移,右脚回收成开步站立。如图 10-2-19~图 10-2-25 所示。

【动作要点】马步下蹲,要收髋敛臀,上体中正,摇转时,脖颈与尾间对拉伸长,速度应柔和缓慢、圆活连贯。

【易犯错误】摇转时颈部僵直,尾间摇动不灵活,弧度小。

图 10-2-19　　　　图 10-2-20　　　　图 10-2-21　　　　图 10-2-22

图 10-2-23　　　　　图 10-2-24　　　　　图 10-2-25

【正确做法】上体右倾,尾闾斜摆,上体前俯,尾闾向后画圆,上体不低于水平,使尾闾与颈部对拉拔长,加大旋转弧度,上体侧倾,和向下俯身时,下颌不有意内收或上仰,颈椎与肌肉尽量放松伸长。

【功法作用】针对阳热内盛的病疾,该式动作两脚下蹲,摇动尾闾,可刺激督脉等,通过摇头可刺激大椎穴,从而达到舒经泄热的目的,有助于去除心火,在摇头摆尾过程中,脊柱、腰段、颈段大弧度侧屈,反转及回旋,可使整个脊柱的头、颈段、腰腹及臀骨部肌群参与收缩,既增加了颈、腰、髋关节的灵活性,也发展了该部位的肌力。

7. 第六式:两手攀足固肾腰

【动作解说】接上述动作,两臂经两侧上举,两掌心相对,两腿膝关节微屈,同时两掌下按至腹前,指尖相对,目视前方。然后,两腿伸直站立,同时,两掌指尖向前,两臂向前、向上举起,肘关节伸直,掌心向前,目视前方。两臂屈肘,两掌下按于胸前,掌心向下,指尖相对。接着两臂外旋,两掌心向上,随之,两掌掌指随腋下后擦。两掌心向内,沿脊柱两侧向下摩运至臀部。随之上体前俯,沿腿后向下摩运,经脚两侧至于脚面,抬头,目视前下方,动作略停。两掌沿脚面前伸,随之用手臂带动上体立起,两臂肘关节伸直上举,掌心向前。该式一上一下为一次,共做三次。做完后,两腿膝关节微屈,同时两掌向前下按至腹前,掌心向下,指尖向前,目视前方。如图 10-2-26~图 10-2-36 所示。

【动作要点】两掌向下摩运要适当用力,至足背时,松腰沉肩,两膝挺直,向上起身时,手臂要主动上举,带动上体立起。

【易犯错误】两手向下摩运时,膝关节弯曲,低头,向上起身时,起身在前,举臂在后。

【正确做法】两手向下摩运时,不要低头,膝关节伸直,向上起身时,要以臂带身。

【功法作用】通在大弧度前屈后伸,可刺激脊柱、督脉,以及阳关、委中等穴,有助于防治生殖泌尿系统的一些慢性病,达到固肾壮腰的目的。通过几个大弧度前屈后伸,可有效发展躯干肌群的力量与伸展性,同时对于腰部的肾、肾上腺、输尿管等器官有良好的牵拉按摩作用,可以改善其功能,刺激其活动。

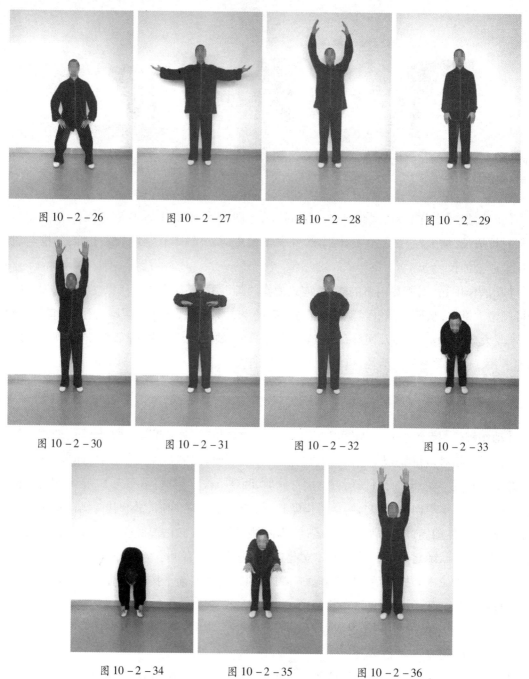

图 10-2-26　　图 10-2-27　　图 10-2-28　　图 10-2-29

图 10-2-30　　图 10-2-31　　图 10-2-32　　图 10-2-33

图 10-2-34　　图 10-2-35　　图 10-2-36

8. 第七式:攒拳怒目增气力

【动作解说】第一个动作,重心右移,左脚向左开步,两腿半蹲成马步,同时两掌握拳于腰侧,大拇指在内,拳眼向上,目视前方。第二个动作,左拳向前冲出,与肩同高,拳眼向上,目视左拳。第三个动作,左臂内旋,左拳变掌,五口向下,目视左掌。第四个动作,左臂外旋,肘关节微屈,同时左掌向左缠绕,变掌心向上后,握住,大拇指在内,目视左拳。第五个动作,左拳屈肘回收至腰侧,拳眼向上,目视前方。右式动作与左视动作相同,做完后,重心右移,左脚回收成并步站立,同时两拳变掌回于体侧,目视前方。如图 10 - 2 - 37 ~ 图 10 - 2 - 40 所示。

【动作要点】冲拳时怒目圆睁,脚趾抓地,拧腰瞬间,力达全面,马步的高低,可根据自己腿部的力量灵活掌握,回收时要旋腕,五指用力抓握。

【易犯错误】冲拳时上体前俯,端肩,掀肘,回收时旋腕时不明显,抓握无力。

【正确做法】冲拳时,小臂贴内前送,头向上顶,上体立直,肩部松沉,肘关节微屈,力达全面,回收时,先五指伸直,充分旋腕,再屈指用力抓握。

【功法作用】该式动作的怒目瞪眼,可刺激肝经,使肝血充盈,肝气输泄。该式动作,两腿下蹲,脚趾抓地,双手转拳,旋腕,手指足节强力抓握等动作,可刺激手足、三阳、三阴经脉和督脉,同时,可使全身肌肉、经脉受到劲力牵张刺激,长期锻炼可使肌肉结实有力,气力增加。

图 10 - 2 - 37　　　　图 10 - 2 - 38　　　　图 10 - 2 - 39　　　　图 10 - 2 - 40

9. **第八式:背后七颠百病消**

【动作解说】第一个动作,两脚跟提起,头上顶,动作稍停,目视前方。第二个动作,两脚根下落,轻震地面,该式一起一落为一式,共做三次。如图 10 - 2 - 41 ~ 图 10 - 2 - 43 所示。

【动作要点】上提时要脚趾抓地,脚跟尽力抬起,两脚并拢,百会穴上顶,略有停顿,掌握好平衡,脚根下落时要轻轻下震,同时,松肩舒臂,周身放松。

【易犯错误】上提时端肩,身体重心不稳。

【正确做法】脚趾抓住地面,两脚并拢,提杠收腹,肩向下沉,百会穴上顶。

【功法作用】脚十指抓地,可刺激足部有关经脉,调节相应脏腑功能,同时踮足可刺激几度与上督脉,使全身、脏腑经络气血通畅,阴阳平衡,恬足而立,可发展小脚后群肌力,拉长主体肌肉韧带,提高人体的平衡能力,落地振动可轻度刺激下肢与几度各关节内外结构,使全身肌肉得到很好的放松、复位,有助解除肌肉紧张。

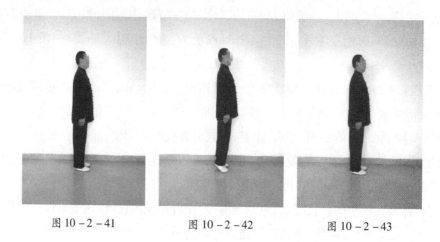

图 10-2-41　　　　　图 10-2-42　　　　　图 10-2-43

10. 收势

【动作解说】第一个动作,两臂内旋向两侧摆起,与髋同高,掌心向后,目视前方。第二个动作,上动不停,两臂屈肘,两掌相结于腹,男性左手在里,女性右手在里。第三个动作,两臂回于体侧。如图 10-2-44、图 10-2-45 所示。

图 10-2-44　　　　　图 10-2-45

【动作要点】两掌内外劳宫相结于丹田,周身放松,气沉丹田,收宫时要注意,体态安神,举止稳重,做一下整理活动,如搓手、摩面、浴面,可肢体放松。

【功法作用】使气息归元,整理肢体,放松肌肉,娱乐心情,进一步巩固练功的效果,逐渐恢复到练功时安静的状态。

二、瑜伽

1. 瑜伽动作组合练习

(1) 仰卧婴儿式(图 10 - 2 - 46)。

图 10 - 2 - 46

【做法】

①仰卧,调整呼吸;

②吸气,曲右腿,双手抱住;

③呼气,双手用力压腿,贴近胸、腹部;

④先吸气,然后呼气,同时抬起头部,让下巴贴膝;

⑤过渡到鼻尖贴膝,保持几秒钟;

⑥还原后,换腿再做。左右腿各做3次;

⑦吸气,曲起双腿,双手抱住,呼气,压向胸部;

⑧先吸气,再呼气,同时抬头贴膝,如此反复,共做3次。

【效果】伸展颈部右侧,加强颈部肌肉,并补养、加强腹部,排除腹部脏气和浊气,减缓便秘症状。

(2) 牛面式(图 10 - 2 - 47)。

图 10 - 2 - 47

【做法】

①金刚坐坐好,调整呼吸;

②吸气,右臂上伸,曲肘,呼气,左手扳右肘,尽量让右手放低到两个肩胛骨之间;

③左臂向背后曲起,两手手指相叩;

④挺直脊背,目光平视,保持20秒,自然呼吸;

⑤左右各做3次,松手甩动,换另一侧再做。

【替代做法】如果肩部僵硬,两手互相够不到,可以用抓住毛巾两头的方法来代替。

【效果】加强背部肌肉,灵活腕、肘、肩关节,矫正肩背的歪斜,扩展胸部。

(3)细臂式(图10-2-48)。

图 10-2-48

【做法】

①金刚坐坐好,调整呼吸;

②吸气,右手从头部后抓住左肘;

③吸气,左臂下压,保持几秒钟;

④还原成双手抱肘;

⑤换另一侧重做;

⑥另一侧做完后,还原成双手互相抱肘,吸气,双臂用力向外伸展,双手依然抱肘;保持10分钟,自然地呼吸;

⑦ 呼气,双臂垂下,放松。

【效果】纤细手臂线条,收紧背部肌肉,柔软灵活肩关节,预防肩周炎。

(4)前伸展式(图10-2-49)。

【做法】

①坐正,双腿向前伸直,调整呼吸;

②双手体后撑地,吸气;

③呼气,收紧腹肌,缓缓让身体抬离地面,手臂伸直,全身重量落在手和脚上;

④吸气,头部后仰,保持 20 秒,自然呼吸;
⑤身体慢慢落地还原。

图 10-2-49

如此反复,共做 3 次。

【效果】加强手臂、手腕、脚踝的力量,收紧臀部肌肉,伸展身体前侧,强化臀部、腰背肌的力量。强化腿部力量,提高平衡力。

(5)蛇击式(图 10-2-50)。

图 10-2-50

【做法】

①金刚坐坐好,调整呼吸;
②身体前俯,前额贴地,手臂前伸触地;
③曲臂,抬头,塌腰,让胸部贴近地面;
④让躯干缓缓地沿地面向前移动;
⑤到尽头后,双臂伸直,将上身撑起来,头向后仰,眼睛向上看;保持 20 秒,自然呼吸;
⑥按反过来的顺序做,回到起始状态。

如此反复,共做 8 次。

【效果】强化手臂力量,收紧臀部肌肉,胸部肌肉也得到强化,活化整个脊柱,纠正轻微的错位,对月经不调有辅助疗效。

(6)瑜伽身印(图 10-2-51)。

【做法】

①将双腿盘成莲花坐或半莲花坐,坐好;

②双臂背后曲起,双手合十;

③吸气,头向后仰;

④呼气,上身缓缓前倾,前额贴地,保持20秒,自然呼吸;

⑤直起上身,还原,放松手臂和腿部。交换腿的上下位置再做1次。

图 10-2-51

【效果】强化手臂肌肉,灵活肩、肘、腕关节,活化髋、膝、踝关节,并且有安定神经、减缓心率的作用。

(7)加强三角伸展(图 10-2-52)。

图 10-2-52

【做法】

①双腿宽分开,双臂侧平展开,右脚尖转向右侧,吸气;

②呼气,弯曲右膝;

③上身缓缓向右侧弯曲,右手在脚后侧扶地,左臂向上伸直,尽量保持双臂上下成一条直线;

④左臂尽量向侧伸平,同左侧侧腰、髋部形成一条直线,保持30秒,自然呼吸;

⑤慢慢还原成直立姿态,换边再做,左右侧各做3次。

【效果】伸展并收紧侧腰部,刺激并按摩了腹部内部,有助于消化过程,加强腿部力量。

(8)扫地式(图 10-2-53)。

【做法】
①双腿分开略比肩宽,吸气,双臂上伸;
②呼气,上身向左侧45°方向前倾;
③前倾到极限,双手扶地(如果够不到地,双臂自然下垂也可);
④上身和双臂横移过右侧,吸气;
⑤呼气,双臂伸直,和上身一起沿右侧45°方向抬起;
⑥还原到起始状态;
⑦ 按反方向顺序再做一遍。

图 10-2-53

左右侧各做3次。
【效果】灵活腰椎,减腰脂,伸展并放松背部肌肉,活化脊柱。
(9)风吹树式(图10-2-54)。

图 10-2-54

【做法】
①双腿分开同肩宽,双臂向上伸直,五指交叉,挺直脊柱,抬起脚跟,吸气;
②呼气,身体向左侧弯曲到最大限度,脚跟不落,保持数秒;
③吸气,还原;

④呼气,再弯向右侧。

如此反复,再做 5 次。

【效果】消除腰、腹多余赘肉。

2. 瑜伽的练习方法和练习提示

(1)选择通风好的场地,在地上铺一块垫子或毯子。

(2)穿着舒适、宽松的衣服,最好赤脚,冬天可穿袜子。首饰、手表最好摘掉,不穿紧身束型衣。

(3)空腹 2~3 小时(因人而异,低血糖的人可食少量饼干、牛奶类食物来补充血糖和热量)。

(4)练习开始前可做一些简单的运动,作为热身。因为只有身体热身后,韧带、肌肉才会变得柔软,不容易受伤。

(5)瑜伽练完后 30 分钟之内,不洗澡、不吃食物、不做剧烈运动,以免破坏体内能量的平衡。

(6)在练习过程中循序渐进,始终保持面部表情平和轻松,练习时要将意识专注到被伸展和被刺激的部位,不可存有杂念,不可说笑。动作幅度是自己感觉舒服就可以,不要同别人比,同自己比。

(7)练习中如果肌肉颤抖或抽筋后立即停止,加以按摩,放松后方可再练。

(8)每做完一个瑜伽姿势后,应马上做"无空式"来放松身心,并深呼吸 5~6 次。

三、竞技叠杯

竞技叠杯是一项新兴的手部极限运动,可采用个人或团体的方式进行。这项运动要求选手要以最快的速度把杯子按规律叠成金字塔状后还原,不仅能帮助发展身体技能,如手眼协调性、敏捷性、专注力等,也能增进自信、团队合作以及培养良好的运动精神。现在,竞技叠杯已经发展成为一项成熟的、具挑战性和趣味的动作技能活动,在全世界流行起来。

1. 三杯"金字塔"的叠法与收法

(1)基本叠法(图 10-2-55)。

第1步　　　　第2步　　　　第3步

图 10-2-55

【说明】

第1步:从3个套成一叠的杯子开始;

第2步:右手提起顶杯放在底杯旁,左手提起中间杯子;

第3步:将中间杯子放在其他两杯之上,完成3杯"金字塔"。

(2)基本收法(图10-2-56)。

图10-2-56

【说明】

第1步:右手放在顶部杯上,左手放在左下杯子上;

第2步:右手滑动手里的杯子,往下套住右下方的杯子;

第3步:拿起左下杯子,套住右侧的另2只杯子,还原成一叠3杯。

2.竞技叠杯3-3叠法(图10-2-57)

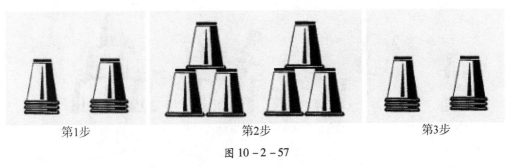

图10-2-57

【说明】

第1步:2套叠杯,每套3个,从左到右练习;

第2步:首先堆叠左侧的"金字塔",随后进行右侧的堆叠;

第3步:从左及右,依次对两个"金字塔"进行收杯。

3.竞技叠杯3-3-3叠法——初级竞赛叠法(图10-2-58)

【说明】

第1步:3套叠杯,每套3个,准备开始;

第2步:从左及右,依次完成3个"金字塔"的堆叠;

第3步:从左及右,依次对3个"金字塔"进行收杯。

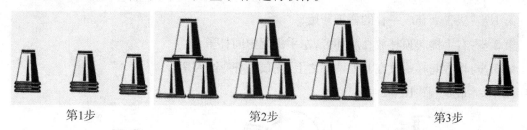

第1步　　　　　　　第2步　　　　　　　第3步

图10-2-58

【参考标准】

竞技叠杯初级竞赛叠法——3-3-3叠法的参考用时标准如表10-2-1。

表10-2-1　竞技叠杯3-3-3叠法的参考用时标准

用时	评价
<4秒	非常快
4～6秒	比较快
6～10秒	初学者

4. 六杯"金字塔"的叠法与收法

(1)基本叠法——3-2-1叠法(图10-2-59)。

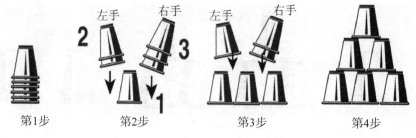

第1步　　　第2步　　　　第3步　　　　　第4步

图10-2-59

3-2-1叠法是构建6杯"金字塔"最快的方法。只要不断练习,就能快速的提高竞技叠杯的水平。

【说明】

第1步:从6个套成1叠的杯子开始;

第2步:分别用右手拿起3杯,左手拿起2杯,底杯形成中心杯;

第3步:依次将右侧底杯放至中心杯右侧,左侧底杯放至中心杯左侧,使3杯形成"金字塔"的底部;

第4步:分别释放右手、左手的下一杯子,形成"金字塔"腰部;最终释放右手最后一杯,形成"塔尖"。

（2）基本收法（图10-2-60）。

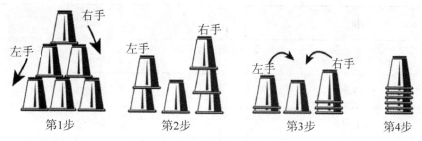

图10-2-60

要始终使用轻柔的手感。为提升堆叠的最佳效果，务必记住滑动而非猛烈移动杯子。

【说明】

第1步：右手放在顶杯上，左手放在左侧第二个杯子上；

第2步：依次用右手右滑、左手左滑收杯，形成底部2-1-3组合；

第3步：用右手拿3杯，左手拿2杯，放回中心杯上；

第4步：最终还原成一叠6杯。

5. 竞技叠杯3-6-3叠法——标准竞赛叠法（图10-2-61）

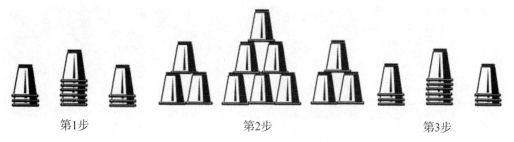

图10-2-61

竞技叠杯3-6-3叠法结合了之前在3杯"金字塔"与6杯"金字塔"练习中所掌握的技巧。此叠法使用的是竞技叠杯标准的"全套12杯"，从左到右依次为：一叠3杯、一叠6杯、一叠3杯，通过堆叠与回收，完成整套比赛。

【说明】

第1步：三套叠杯，分别为：左边三个、中间六个、右边三个，准备开始；

第2步：依次向上堆叠左侧3杯、中间6杯与右侧3杯"金字塔"，其中，中间6杯"金字塔"堆叠采用3-2-1叠法；

第3步：随后从左及右，依次回收三套叠杯，还原成初始状。

【参考标准】

竞技叠杯标准竞赛叠法——3-6-3叠法的参考用时标准如表10-2-2。

表10-2-2 竞技叠杯3-6-3叠法的参考用时标准

用时	评价
<5秒	非常快
5~7秒	比较快
7~15秒	初学者

项目11　心智主导类业群岗位补偿性体育与健康

任务一　心智主导类业群运动"饥饿"补偿训练

一、上下肢肌肉群素质训练(略)

二、胸、腰肌肉群素质训练(略)

说明:具体参照体能主导类业群岗位应用性对应部位训练法,本篇实践部分不再重复,在运动强度上控制在中小强度为宜,适当来点大强度训练,提高机体负荷能力。

三、慢跑

慢跑(英语:Jogging 或称 Footing,图 11 – 1 – 1),亦称为缓步、缓跑或缓步跑,是一种中等强度的有氧运动,目的在用较慢或中等的节奏来跑完一段相对较长的距离,以达到热身或锻炼的目的,是一种非常适合心智主导类人群、久坐办公一族,以及肥胖人士、中老年人等绝大多数人群的运动项目。

图 11 – 1 – 1

1. 慢跑技巧

1)落地缓冲。在跑步时,腾空脚落地时要脚跟先着地,然后再过渡到全脚掌。这是对于脚踝、膝盖的一种保护,防止骨膜炎的发生(图 11 – 1 – 2)。

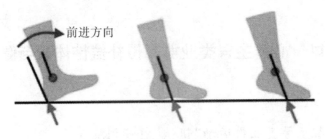

图 11-1-2

2)摆臂协调。摆臂是在跑步过程当中,保持身体的平衡性和协调性,使身体更自然的摆动,更符合人体运动的韵律。摆臂时,只要记住前不漏手,后不漏肘,自然地随着脚步而摆动。

3)抬头挺胸。跑步锻炼是一个享受的过程,保持抬头挺胸有助于改善人体的呼吸循环系统以及建立正常的脊柱状态。过分前倾会挤压胸腔,而过分后仰则造成背部肌肉紧张。

4)呼吸匀速。保持跑步时的弹力、绷紧小腹、保持匀速、深远而悠长的呼吸。呼吸节奏应该与步伐密切配合。通常慢跑的呼吸节奏是每 2~3 步一呼,每 2~3 步一吸。不要强硬的只用鼻子呼吸,微张嘴才能保证足够的氧气供给,这样跑起来才会感到轻快。

5)心率适宜。慢跑作为一种养生的有氧运动,就要和快速跑区分开来。一般来说,最适合身体锻炼的心率律动次数:(220-年龄)×60% 左右。现在可以采用多种可穿戴设备对于运动时的心率进行监测。

2. 注意事项

1)跑鞋的选择。选跑鞋,一般就是在减振型或者稳定型中选一款,最简单也最容易做的测试就是所谓的湿脚测试。首先,把脚在水中浸湿,然后用毛巾擦干后在地板上踩出一个印迹,观察这个印迹,会发现三种情况,脚前后两个区域几乎没有连接,或者很少连接,说明属于高足弓,通常属于内翻型脚,需要一双缓振型的跑鞋;脚印呈现 C 状,有一定的足弓,说明是正常足,需要一双有一定支撑和减振的稳定跑鞋,缓振跑鞋也同样适合正常足;脚印几乎看不出来有足弓,说明你是平足,需要的是一双控制型跑鞋,也可以选择一双稳定型跑鞋。

2)跑前的充分热身。跑前热身是避免损伤、激活身体的不二法门。最适合的热身是先步行 10 分钟,并将脖子、手腕、脚腕、大腿、手臂等关节活动开之后。随后开始拉伸,拉伸时动作要慢,要把注意力集中在拉伸的肌肉上,如果做过头反而会导致肌肉疼痛。

3)跑后的放松与拉伸。跑完千万不要马上停下休息。为了减低运动带来的兴奋,尽早恢复,一般需要慢跑——走——拉伸。跑步后,人体全身上下都得到活动,应使身体各部位慢慢放松下来,建议跑完后再漫步几百米,配合腿部韧带的拉伸,使全身彻底放松。拉伸腿部韧带的方法很多,可以两腿伸直,弯腰用手够脚尖,也可以用脚抵住台阶,身子向前倾,或者弓步压腿也可以。

4)注意保暖与补水。跑步时和跑步后,要注意保暖,不要因为出汗多而减去大量衣物导致感冒等。慢跑后,要适时补充水分。先休息5~10分钟后,再饮用淡盐水或温开水,但要避免喝凉水或冰冻饮料。

四、快步走

快步走(图11-1-3)源于欧洲,在很多国家普及。这种健身方法容易掌握,是低成本、高效能有氧运动。健身功效明显,没有年龄、性别、体力等方面的限制;比散步有效,比慢跑安全,又弥补了定时、定地的锻炼模式带来的不便。

图11-1-3

快步走和散步、慢步走有明显区别。时速在3千米以内称散步,3.6千米叫慢行,4.5千米称自然步行,5.5千米才为快步走(又称竞技步行)。据此,快步行走10分钟应该为一千米左右路程(老年人、体弱者可略慢),即大概每分钟应走120至140步。这样,心率才能达到最大心率(220减去年龄)的70%,满足中小运动强度要求,才可对心肺起到良好刺激,达到应有的健身效果。

1. 快步走技巧

1)头、肩和胸。抬头挺胸,直视前方。肩膀打开,双臂自然下垂。这样有助于上身舒展,双臂放松,随身体自然地有幅度摆动。

2)手臂和双手。手臂应该弯成90°。前后而不是左右摆动——并且要紧贴身体两侧。手的姿势自然即可,就像手心里握着一只蝴蝶,既不想让它飞走,也不想能让它闷死。

3)腹部。收腹。这样可以让你感觉更高、更稳、更直。同时这样也有助于消腹平肚。

4)臀部、大腿和双脚。靠臀部而不是大腿来带动你的行动,但是要让你的臀部自然松弛。膝盖伸直,小步快速的行走,脚跟走在一条直线上,整个过程并不要求快,但是要有一定的节奏。

5)呼吸和心率。快走时要特别注意呼吸,要有规律的用鼻子吸气、嘴巴呼气,呼气的时

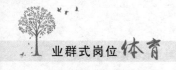

间应该比吸气的时间长。保持运动后心率+年龄=170左右为宜,这相当于一般人中等强度的运动。

2. 注意事项

1)首先,穿一双合适的软底运动鞋、平底鞋或防滑鞋。鞋底应有弹性,这样可以减少关节所承受的冲击。

2)可以从每周3次20分钟步行开始,一周后每次增加2~3分钟,直到你可以每天步行30~45分钟。步行速度在可能的情况下尽量快一些,这样健身效果会更好。

3)"动则有益,贵在坚持"。每天能够步行的就步行,晚饭后在室内休息半个小时左右,再外出步行运动30分钟左右,只要长期坚持,就能够对健康产生积极的作用。

任务二 心智主导类业群常见职业病及预防保健

一、电脑眼

1. 电脑眼症状

电脑眼是由于我们平时全神贯注看电脑屏幕时,眼睛眨眼次数减少,造成眼泪分泌相应减少,同时闪烁荧屏强烈刺激眼睛而引起的。症状有眼干、眼涩、眼酸胀,视物模糊甚至视力下降等症状,直接影响着人们的工作与生活。它会导致人的颈、肩等相应部位出现疼痛,还会引发和加重各种眼病。

2. 电脑眼体育保健方法

1)眼球运动。

如果长期坐在电脑前看着屏幕就会使眼睛感到疲劳,建议每隔一小时就进行一次眼球运动,比如呼一口气将视线向上看,再将视线回到原位,吸气,像这样反复进行三次,之后再将眼神向左侧和右侧看,重复三次。这就是一套很有效的眼球运动,能够缓解眼部疲劳不适。

2)眨眼睛。

简单的眨眼睛动作可以让眼睛分泌出眼泪,这样能够起到保持眼部湿润的作用,尤其是经常佩戴隐形眼镜的白领女性们更应该经常眨眨眼睛。另外,很多白领女性因为工作长时间盯着电脑屏幕看,而忘记了眨眼睛这么简单的动作,从而导致眼睛出现干涩不舒服的感觉。

3)眼保健操。

(1)第一节按揉耳垂眼穴。用双手大拇指和食指的螺纹面捏住耳垂正中的眼穴,其余三指自然并拢弯曲(图11-2-1)。伴随音乐口令,用大拇指和食指有节奏地揉捏穴位,同时用双脚全部脚趾做抓地运动,每拍一次,做四个八拍。

(2)第二节按揉太阳穴。用双手大拇指的螺纹面分别按在两侧太阳穴上,其余手指自然放松、弯曲(图11-2-2)。伴随音乐口令,用大拇指按揉太阳穴,每拍一圈,揉四圈(图11-2-3)。然后,大拇指不动,用双手食指的第二个关节内侧,稍加用力从眉刮至眉梢,两个节拍刮一次,连刮两次。如此交替,做四个八拍。

图11-2-1

图11-2-2

图11-2-3

(3)第三节按揉四白穴。用双手食指螺纹面分别按在两侧穴位上,大拇指抵在下颌凹陷处,其余手指自然放松、握起,呈空心拳状(图11-2-4)。随音乐口令有节奏地按揉穴位,每拍一圈,做四个八拍。

(4)第四节按揉风池穴。用双手食指和中指的螺纹面分别按在两侧穴位上,其余三指自然放松(图11-2-5)。随音乐口令有节奏地按揉穴位。每拍一圈,做四个八拍。

(5)第五节按头部督脉穴。双手曲状按压在头部督脉穴上四次(图11-2-6),从前往后,手指放松。随音乐每拍按揉一次,做四个八拍。

图11-2-4

图11-2-5

图11-2-6

二、鼠标手(腕管综合征)

1. 鼠标手症状

鼠标手又叫腕管综合征,是由于正中神经在腕管内受到压迫与刺激而产生的相应的临床症状。长期使用鼠标压迫腕部是造成病因之一。临床表现主要有腕部和拇、食、中指麻、痛,感觉异常,拇指无力,腕部叩击痛。

2. 鼠标手体育保健方法

1)手指运动。简易坐姿或坐在椅子上也可,双手前平举与肩同高(注:肩一定要放松)。吸气:掌心向下,张开十指,并且尽到你自己最大的努力张开(图11-2-7)。呼气:大拇指在掌心内,用力捏拳重复10次,练习时把注意力放在呼吸、默数、手的运动上(图11-2-8)。

图 11-2-7

图 11-2-8

2)手腕运动。

(1)坐姿同上,双手前平举与肩同高,掌心向下,在整个练习过程中,请保持手掌始终张开,手指始终是伸直的。吸气:手臂伸直,慢慢将手向上向后打开,就像贴在墙上,指尖朝上(图11-2-9)。呼气:手向下,指尖朝地(图11-2-10)。在整个练习过程中,始终保持手肘伸直,不要弯曲指关节或指跟的部分,手向上开始下一轮,重复10次。

图 11-2-9

图 11-2-10

(2)右臂向前伸展与肩同高,大拇指在内捏拳,如果有必要也可以用左手支撑你的右手。

这是准备姿势。慢慢地转动手腕,确保掌心始终是向下的,手臂需始终伸直,让你的手腕最大限度地转圈,顺时针转 10 圈,逆时针转 10 圈。左手同样练习(图 11 - 2 - 11)。双臂向前伸展与肩同高,手臂始终伸直,双腕向同一方向同时转动,练习 10 次,完成后再反方向转动 10 次(图 11 - 2 - 12)。

图 11 - 2 - 11

图 11 - 2 - 12

三、精神疲劳

1. 精神疲劳症状

表现为头昏脑涨、记忆力下降、反应迟钝、注意力分散、思维紊乱等心智活动难以正常发挥的恶性反应。长期大脑疲劳,会出现失眠、焦虑、健忘、抑郁等症状。过度大脑疲劳,就会导致心脑血管及精神疾病,严重损害身心健康。女性患自主神经紊乱以及精神压力过大引起面斑、暗疮的人数明显激增。

2. 精神疲劳体育保健方法——手指操

1)屈伸五指(图 11 - 2 - 13)。

左右两手紧握拳头。从小指开始,依次伸开手指,速度尽可能快。从大拇指开始,依次屈手指,握成拳。

  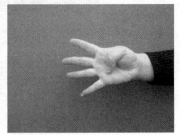

图 11 - 2 - 13

2）伸展开五指（图11-2-14）。

五指做扇形散开和靠拢，第二指保持不动。再使第三和第四指相继保持不动。

图 11-2-14

3）拇指运动（图11-2-15）。

拇指在与手掌垂直的平面上移动。

图 11-2-15

4）拢指甩（图11-2-16）。

拇指和食指指尖靠拢，然后沿着想象中的半圆形分开，继之手臂画圆圈甩手指散开。

图 11-2-16

项目12　心智主导类业群岗位拓展性体育与健康[①]

任务一　网球

一、网球简介

网球运动是一种球类运动,通常在两个单打球员或两对组合球员之间进行。球员在网球场上隔着球网用网球拍击打网球。网球运动的由来和发展可以用四句话来概括:孕育在法国,诞生在英国,开始普及和形成高潮在美国,现在盛行全世界。

网球运动现在名气最大、影响最广的是"四大满贯"赛事,包括澳大利亚网球公开赛、英国温布尔登网球公开赛,法国网球公开赛以及美国公开赛。在中国举办的网球赛事中,以中国网球公开赛(举办地:北京)与上海大师赛(男子)级别最高、历史最久、影响最深远。

二、网球场地

一片标准网球场地的占地面积不小于670平方米(长36.60米×宽18.30米),这一尺寸也是一片标准网球场地四周围挡网或室内建筑内墙面的净尺寸。在这个面积内,有效双打场地的标准尺寸为23.77米(长)×10.97米(宽),有效单打场地的标准尺寸为23.77米(长)×8.23(宽),在每条端线后应留有余地不小于6.40米,在每条边线外应留有余地不小于3.66米(图12-1-1)。

[①] 钱爱成,惠志东,蒋国旻. 体育与健康[M]. 江苏:江苏凤凰教育出版社,2017.

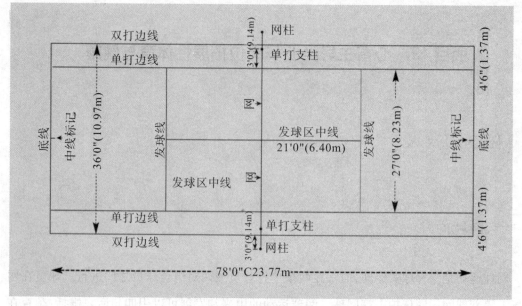

图 12-1-1

三、网球比赛计分方法

1. 取胜一分(Point)

遇到下列情况时,判对方胜1分:

(1)发球员连续两次发球失误或脚误时;

(2)接球员在发来的球没有着地前触及自己的身体及所穿戴的衣物时;

(3)在球第二次落地前未能还击过网时;

(4)还击球触及对方场区界线以外的地面、固定物或其他物件时;

(5)还击空中球失败时;

(6)在比赛中,击球员故意用球拍拖带或接住球,或故意用球拍触球超过一次时;

(7)"活球"期间运动员的身体、球拍(不论是否握在手中)或穿戴的其他物件触及球网、网柱、单打支柱、绳或钢丝绳、中心带、网边白布或对方场区以内的场地地面时;

(8)还击尚未过网的空中球(过网击球)时;

(9)除握在手中(不论单手或双手)的球拍外,运动员的身体或穿戴的物体触球时;

(10)抛拍击球时;

(11)比赛进行中,运动员故意改变其球拍形状。

2. 取胜一局(Game)

(1)运动员每胜一球得1分,先胜4分者胜一局;

(2) 遇双方各得 3 分时,则为"平分"(deuce)。"平分"后,一方先得 1 分时,为"接球占先"(advantage serve)或"发球占先"(advantage);

(3) 占先后再得 1 分,才算胜一局(其中得 1 分为 fifteen,2 分为 thirty,3 分为 forty)。

3. 取胜一盘(set)

一方先胜 6 局为取胜一盘,但遇双方各得 5 局时,一方必须净胜两局才算胜一盘。

4. 决胜局(tie break,也叫抢七局)

在每盘的局数为 6 平时,进行决胜局,先得 7 分为胜该局及该盘,若分数为 6 平时,一方须净胜 2 分。

5. 盘中的计分

(1) 一名运动员先取得 6 局的胜利即赢得一盘;除此以外,他必须还要净胜他的对手两局,在这种情况下,一盘的比赛可能一直延续,直到达到净胜两局的情况为止(通常称为"长盘"比赛)。

(2) 假如在比赛前提前决定,也可以采用平局决胜局制的计分替代(A)中的比赛规则。在这种情况下,将按照下面的规则进行:当比赛的比分为局数 6 比 6 时采用平局决胜局制计分,除非事先声明,否则三盘两胜制比赛的第三盘或五盘三胜制比赛的第五盘仍按普通的"长局"进行。

(3) 决胜局计分制在每盘的局数为 6 平时,有以下两种计分制:

①长盘制:一方净胜两局为胜 1 盘。

②短盘制:决胜盘除外,除非赛前另有规定,一般应按以下办法执行:

a. 先得 7 分者为胜该局及该盘(若分数为 6 平时,一方须净两分)。

b. 首先发球员发第 1 分球,对方发第 2、3 分球,然后轮流发两分球,直到比赛结束。

c. 第 1 分球在右区发,第 2 分球在左区发,第 3 分球在右区发。

d. 每 6 分球和决胜局结束都要交换场地。

四、网球基本技术

1. 基本握拍

网球的握拍方法对打网球来说是很重要的,不正确的握拍方法会给网球击球带来诸多的不良之处。然而,握拍最难的部分是如何做出选择。事实上,没有最完美的握拍方式,每一种握拍都有它的优点,也有一定的局限。只有找到适合自己的握拍方法,才会有更好的体验[1]。

1)正手握拍。

网球的正手握拍主要包括大陆式握拍、东方式握拍、半西方式握拍,以及西方式握拍四种(图 12-1-2)。

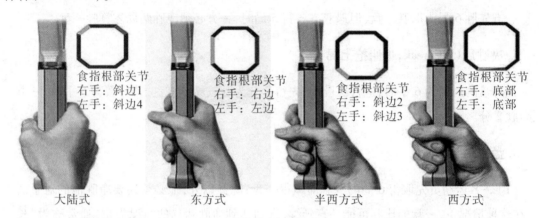

图 12-1-2

（1）大陆式正手握拍。

【握法】大陆式握拍是一种可以用来做任何击球的握拍方式。但这种用法从长袖衣裤网球时代后就不再是通用标准了。大陆式握拍主要用于发球、网前球、过顶球、削切球以及防御性击球。大陆式握拍就是将你的食指根放在第一个斜边上,使虎口的 V 形在拍柄上部,如果是左手则把食指根放在第四个斜边上。

【优点】用大陆式握拍处理发球、过顶球是标准方式。这使前臂和手腕能够自然地向击球点挥动。这样的结果便是减小压力的手臂发挥出更大的爆发力和更灵活的击球。当需要在网前快速处理球时,大陆式正反手连发也很重要。

【缺点】大陆式握拍法可以用大陆式打平击、削球,但是难以打出上旋球。这意味着你在大力击球并使其不出界时,要求瞄准球网上方,而不能有任何错误。而且没有保证安全的转动,意味着在合适的击球区域外的回球会相当困难。所以大陆式握拍的不稳定性是个普遍问题。

（2）东方式正手握拍。

【握法】将手平放在球拍面上,然后下滑握住拍柄;将球拍平放在桌面上,闭上眼,抓起球拍;或者和拍柄握手。这些小技巧都可以让你快速找到东方式握拍方法。更有技术性的窍门是先用大陆式握拍,然后将你的手顺时针转动(左手时逆时针转动),使得食指根搭在主

---

① 网球握拍方式大全+图文详解,https://www.sohu.com/a/244417685_505659。

边上。

【优势】通常东方式握拍用来学习正手。它很灵活,让球手能够轻易击出上旋球或更有威力的平击球、穿越球。它能很快速地换到其他握拍方式。东方式握拍是上网型选手的明智选择。

【劣势】比大陆式握拍的击球区域要高和远离身体。但仍然不是回高球的好选择。东方式正手可以有很强的威力和穿透性。但是由于更适于平击球,所以稳定性仍不高,难以应付连续相持球。它不是希望打上旋球跟对手比命长的球手的最佳选择。

(3)半西方式正手握拍。

【握法】从东方式握拍顺时针转动(左手握拍逆时针转动)手,直到食指根放在下一条斜边上,这时的握拍就是半西方式握拍。这种握拍方式在强力底线型职业选手中盛行,而很多职业教练也会鼓励他们的学生使用这种握拍方式。

【优势】半西方式握拍比东方式握拍能击出更强烈的上旋球,使击球更为保险和受控,特别是在放高球和小斜线时。球手也可以用这种握法打出制胜的平击或者穿越球。球手用这种握法可以自由的选择在击球时加入上旋。它的击球区域会比东方式离身体更高更远一些,所以用它打半高球会有更好的控制和进攻性。

【劣势】用这种握拍,球手难以打低球。既然这种握拍方式必须低于球开始挥拍,它很难用来回击低球。而且,这是一种典型的打网前球时需要改变为大陆式握拍的握拍方式。这就是为什么底线型选手来到网前都不很舒服的原因。

(4)西方式正手握拍。

【握法】从半西方式握拍顺时针转动(左手握拍逆时针转动)手,直到食指根放在下一条斜边上,这时的握拍就是西方式握拍。从拍柄方向看过去,食指根放在拍柄的底边上。这使得手掌几乎完全位于拍柄下方。它是红土场专家或者喜欢打上旋球选手的最爱。

【优势】这是一种极端的握拍方式,击球时接触球的时间最长。手腕的位置迫使球拍完全地抽击球的后部,打出极强烈的上旋球。这种方式击出的球可以高高地越过球网而仍然落在球场中。这样的球通常落地后弹跳得又高又快,使得对手不得不在离底线很远的地方回球。这种握拍方式的击球区域会比之前介绍的任何一种离身体更远和更高。因为它用来处理高球的能力使得很多红土选手选择这种握拍。

【劣势】低球是这种握拍的克星。通常快速场地上球弹跳得较低,这就是这种握拍方式的职业选手通常在快速场地没有什么作为的原因。而且,需要有极快的拍头速度和强劲的腕力才能产生一定速度和转动的击球。否则,回球会出线,并且被对手抓住机会进攻。对某些人来说,这种握拍也很难平击,因此将球打远也成了一个问题。像半西方式一样,上网和截击需要转换握拍方式是主要的问题。

2)反手握拍。

网球的反手握拍主要包括东方式握拍、超东方式/半西方式握拍,以及双手反手握拍三种(图12-1-3)。

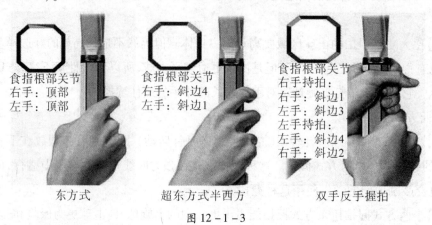

图 12-1-3

(1)东方式反手握拍。

【握法】从大陆式握拍逆时针转动手(左手请顺时针转动),将食指根放在第4个斜边上,你的手几乎都在拍柄的上方。

【优势】就像东方式正手,这是一种有很好手腕稳定性的灵活的握拍方式。球手既可以用它打出一定的上旋球也可以打出富有穿透力的平击。有些球手能够用东方式反拍打切球,如果不行,从东方式换到大陆式也相当容易。这种握拍可以用来打上旋发球,而且需要上网截击时,这是一种能快速转换到大陆式握拍的方式。

【劣势】在能够有效处理低球的同时,这种握拍方式却不能很好地处理齐肩高的上旋球。遇到这种难以控制的球,球手通常不得不选择防御性的削球回击。遇到上旋发球高出东方式反手的击球区域时,你会经常看到这种方式。

(2)超东方式/半西方式反手握拍。

【握法】与西方式正手握拍对应,从东方式反手握拍开始,手逆时针转动(左手请顺时针转动),直到食指根移动到拍柄的下一条边上。这是一种进阶的握拍方式,只有那些更强壮更有技巧的球手会选择使用这种握法。

【优势】就像西方式正手握拍,这是红土场选手常见的选择。它自然会比东方式反手有更关闭的拍面,使得击球区域更高,离身体更远。使用这种握拍方式更容易处理高球和击出上旋回球。在网球场上,一些最强力的反手选手都使用这种握拍方式。

【劣势】它的局限类似于西方式正手握拍。不是很适合处理低球,而且由于它极端的握拍方式,转换到网前截击的大陆式也不是那么迅速。这种握拍的选手通常需要长距离快速挥拍,而且更适于站在底线。

(3)双手反手握拍。

【握法】毫无疑问这是最流行的握拍方式,但关于双手握法仍存在一些争议。广为接受的方式是支配手用大陆式握拍,然后非支配手在支配手上方用半西方式握拍。

【优势】这是单反无力的球手的最好选择。以此能够击出比单反更扎实的球,双手基于肩部的旋转和更高效的挥拍能够提供更大的威力。它能很好地处理低球,而且额外的一只手可以更好地处理齐肩高的球。

【劣势】因为双手都抓住拍柄,会影响球手的脚步移动。因此很难应付大角度回球,特别是在救球的时候很难转动上身击球。同样,双手反拍依赖来于上旋球。击出一记好的削球依赖于一个稳定的上肩。而对于双手反拍选手来说,他们被要求打开髋部转动肩膀去击球,不适应削球。而放开非支配手单手削球或截击来球对很多的双反球员来说也有困难。这就是为什么他们通常不喜欢上网。

2. 基本球性练习

(1)用球拍拍起地上的球和用球拍与脚配合拾起地上的球。

(2)用球拍向上颠球,达到熟练后,加上移动、转圈和按口令颠球("低→低→高"等节奏,图12-1-4)。

图 12-1-4

(3)颠球几次后,让球尽快停在球拍上,再将球向上送出,继续颠球,再停下,反复练习。

(4)用正、反拍面依次连续颠球(图12-1-5)。

图 12-1-5

3. 底线正手击球

正手击球是网球技术中最基本的击球方法,既是初学者的入门技术,又是多数运动员用以得分取胜的主要手段。正手击球由四个环节组成,即准备姿势、转肩拉拍,挥拍击球和前挥跟随(图 12-1-6)。

图 12-1-6

1）准备姿势。

两脚自然站立，与肩同宽，双膝微屈，上体略前倾，脚跟稍提起，重心落在前脚掌上。右手持拍于腹前，左手扶拍颈，两肘自然下垂略外张，拍头稍高于柄。

准备姿势除发球外也适用于大多数的击球技术，因此尽可能在击球后立即还原至准备姿势。左手扶住拍柄位置可以减轻右手负担的同时，还能帮助右手变换球拍握法及迅速向后拉拍做出转肩动作。

2）转肩拉拍。

一旦判断对方来球是正手方向时，左手马上推拍，同时双肩向右侧转动，左脚掌辗动使左肩对着球网，身体成侧身状态。随着转体右手应快速平稳地向后拉拍，拍头高于手腕。拉拍结束时，使球拍指向后方，拍柄底部向网。沿水平的直线拉拍，要迅速协调。

转肩与击球的质量关系很大。拉拍动作要尽可能早，这样便可获得充分的回击球时间。及早地转肩能使拉拍动作相当自然完成，随后加上适当跨步，使人处在一个能流畅击球的体位上。

3）挥拍击球。

挥拍击球时，踏出左脚使重心前移，可增大击球力量。一般踏出的左脚与端线约成45°角，呈开放式步法。根据来球情况，适度曲膝关节，对准来球方向迅速向前挥拍身体重心从后脚移向前脚，迎上击球。此时应绷紧手腕握紧球拍，防止拍子在手中晃动而打出不稳定和力量不足的球。击球点在身体右前方。拍面垂直于地面，平行于球网。

4）前挥跟随。

击球后，球拍应随球的方向做较长的前挥跟随动作。球拍的前挥应尽可能向前方伸展，直到手臂和拍头无法再向前运动为止。此时左手亦上举扶住拍柄，面对球网。

击球的随挥动作不仅能使击球动作显得流畅、协调和舒展，而且它本身也是击球动作的一个有机组成部分。随挥动作可以保证击球的力量和控制球的飞行弧线。没有充分的随挥动作总会使人觉得击球吃力和别扭，击出的球也不能更准确、有力。

4. 底线反手击球

网球反手击球通常是指击打左侧来球,反手击球有单手击球技术和双手击球技术两种。此处重点介绍双手击球技术(图 12-1-7)。

图 12-1-7

1)准备姿势。

面对球网,两脚自然开立与肩同宽,两膝微屈,重心落在前脚掌上,左手扶拍颈,拍面垂直于地面,拍头指向对方,双目注意对方来球。

2)转体引拍。

正确判断来球后,快速移动到位,重心移至左脚,身体向左旋转,将右肩对着来球,左右手配合转动球拍,成东方式反手握拍,屈膝降低重心,右脚向击球方向跨出呈"关闭式"步法。在来球即将落地前,快速向后引拍,将拍头指向场地后方,拍头降低与膝关节同高。

3）挥拍击球。

来球落地起弹后,由下向上、向前挥拍,在身体左侧前方,位于膝关节与腰之间的高度击球,击球部位与拍形与正手击球相同,拍体与地面平行,拍面与地面及击球方向垂直,用拍面中心位置击打球的后中部。

4）随球动作。

击球后,球拍尽量随球前送,单手击球的右手挥拍至头的高度,左手向后伸展,两臂呈直线展开,胸部面对场地左前方,专题幅度不宜过大,身体重心移至右脚。双手反手击球,经前挥后将拍挥至右肩上。

5. 发球

发球的基本类型有平击球、切削发球和上旋发球三种。平击发球力量大、速度快,呈直线飞行,落点较深,前冲力大,但准确性较难把握,成功率相对较低,一旦发球命中常常能直接得分。上旋发球的飞行弧度大,落地后反弹很高并偏向对方的左侧,使对方回击难度增大。但是上旋对发球技术要求高,一般应在有了一定的发球技术基础后再去学习。切削发球最易控制球的旋转、力度和方向,成功率高,是初学者首先应掌握的发球技术。此处重点介绍切削发球方法(图12-1-8)。

图 12-1-8

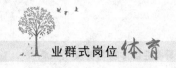

1) 向后引拍。

做好准备姿势后,双手以同上、同下协调的动作节奏,左手持球向下然后再向前偏右上方直臂抬起,大约高至头部上方时,手指自然松开,让球垂直上升;右手握拍与左手同时一起先向下摆,经右膝边然后向后上方摆动,当握拍手摆至肩高时,转肩抬肘弯臂,使拍头垂于背后如搔背状,同时身体向右转动,两膝向前弓,下颌抬起,全身呈背弓形。

2) 挥拍击球。

当球快进入击球点时,右臂迅速向前上方挥动球拍,同时蹬地、直腰、踮脚尖,身体从屈到伸,并伴随着转体、转肩,使重心转移到前脚。让球拍在所能达到的最高点上从球的右上角切削而下。如果把球朝着发球者的那个面看作是一只钟的面,即拍面应击在钟面两点钟的那个位置上。并且击球时须有扣腕动作,在触球时使前臂、手腕和球拍柄近似于一条直线。

3) 随挥。

击球后,右脚应跨前一步,以随挥动作将球拍经体前从左膝侧面挥向身后,此时上体前倾,右肩明显低于左肩。

【动作要点】

(1) 采用大陆式或东方式反手握拍方法;

(2) 做好"搔背"动作,肘关节尽量向上;

(3) 抛球至右前上方,须准确到位;

(4) 抬头盯住球;

(5) 击球点要高,擦击相当于钟面的两点钟位置;

(6) 扣腕动作要明显。

五、网球技术水平的评价参考——NTRP 分级体系

1. NTRP 简介

NTRP 分级体系即美国国家网球分级体系(National Tennis Rating Program),创立于 1978 年,是美国网球联盟专门为参赛选手设定的一个球员水平分级系统,旨在帮助选手确定自己的水平,为以后接受培训、寻找陪练、参加比赛等提供便利。

2. NTRP 的使用

首先详细阅读 NTRP 各个级别选手的技术特征,并寻找到一个最适合自己当前水准的级别,在以后的比赛中就可以找与自己实力相当或略高于自己水平的选手进行较量,便于提高自身水平。另外,教练经常会针对不同选手级别提出一些建议,只有确认了自己的水平

后,才可能为自己更好地学习适合自己水平的技术提供帮助。

3. NTRP 分级体系(表 12-1-1)

表 12-1-1 NTRP 分级体系

NTRP 分级	技术特征
1.0	特征:初学者(包括第一次打网球的人)
1.5	特征:打球时间不长,还只顾得上把球来回打起来
2.0	正手:挥拍动作不完整,不容易控制击球方向; 反手:不愿意用反手接球,偶尔接一下也感觉没有把握; 发球/接发球:发球动作不完整,抛球不稳定,经常出现双误,接发球容易出现失误; 网前:还没有主动上网的意识,不会用反手截击,网前脚步跟不上; 特征:虽然正、反手都有明显弱点,但已初步了解单、双打中的基本站位
2.5	正手:动作有所改进,开始能够慢节奏对攻; 反手:握拍还有问题,击球准备不够早,喜欢用正手去接本该反手接的球; 发球/接发球:挥拍动作趋于完整,可以发出速度慢的好球,抛球仍不稳定,能接好速度不快的发球; 网前:网前感到不舒服,尤其是反手截击,经常用正手拍面打反手位截击; 特征:与水平相当的人能打出几个回合的慢速对攻,但还难以覆盖整个场地,能主动挑高球,但还不能控制球的高度和深度,能打到过顶球,但对能否打好没有把握,双打中还不会调整站位
3.0	正手:有较好的稳定性,也基本能控制方向,但还缺乏击球深度; 反手:能提早准备,可以打出比较稳定的中速球; 发球/接发球:发球的节奏感开始出来了,但大力发球时稳定性差,二发明显慢于一发,接发球比较稳定; 网前:正手截击已经比较稳定,反手差一些,对低球和远身球还很头疼; 特征:已经能打出比较稳定的中速球,但并不是每一拍都很舒服,在控制击球的深度和力量时还显得力不从心,能挑出比较稳定的高球,双打中与同伴的站位组合基本上是一前一后,上网不积极,网前攻击力也不强
3.5	正手:能打出稳定而有变化的中速球,能很好地控制击球方向,上旋球水平在提高; 反手:回中速球时能控制方向,但还处理不好高球、快球; 发球/接发球:开始能控制落点并加力,也能发出上旋球,能稳定地接中速发球并控制回球方向;

续表

NTRP 分级	技术特征
3.5	网前:上网更积极,步伐正确,能截击部分远身球,正手截击稳定,反手还不理想,接对方的截击球还有困难; 特征:对中速球的方向控制已经不错,但击球的深度和变化还不够,能在跑动中稳定地回击过顶球,开始能随业上网、放小球和打反弹球,二发基本能控制落点,双打中网前更积极,对场地的覆盖和与同伴的配合能力也在提高
4.0	正手:击球已经有相当的把握,回击中速球有深度,能对付难接的球; 反手:能稳定地回击中速球,能加上旋,也有深度; 发球/接发球:一发和二发都能控制落点,一发力量大,能带旋转发球,接发球稳定,极少出现主动失误,单打接发球有深度,双打接发球能根据需要而变化; 网前:正手截击能够控制并有深度,反手截击有方向但缺乏深度,学会截击远身球和低网球; 特征:已能打出有把握的中速正、反手边线球,也能控制击球的深度和方向,能够抓住机会或是对手的弱点打出得分球,已经会使用挑高球、放小球和截击技术,而且其中有些球能够得分,发球偶尔也能直接得分,在多拍拉锯对攻中,可能会因为不够耐心而丢分,双打中能抢网,随球上网,也明显能够与同伴配合,水平达到这一级别的球员,在目前(中国)国内的业余网球赛中一般都能拿名次
4.5	正手:非常有把握,能充分使用速度和旋转,良好的深度控制,回击中速球有攻击力; 反手:能控制方向和深度,但在受迫时会失误,回击中速球能加力; 发球/接发球:发球有攻击力,能同时运用力量和旋转,二发能发到所希望的位置,极少出现双误,能接好对手的大力发球,能抓住对方二发软的机会,打出有深度和落点的回球; 网前:能连续截击对方的回球,步伐到位,反手截击能控制方向和深度,网前的力量使用能轻重结合,常犯错误还是拉拍动作过大; 特征:能有意识地在打出有攻击力的落点球(如对方反手位)后随球上网,并靠连续的截击或高压球得分,击球速度加快,能避开自身弱点,但在处理难接的球时往往过于发力,比赛中能打出各种变化的球,开始针对不同对手来调整每盘的节奏,双打中网前能提早判断,回球更具进攻力,开始控制比赛节奏
5.0	正手:在大力击球时能控制方向、深度和旋转,落点准确,能利用正手取得进攻优势,也能根据需要打出轻球; 反手:能打出稳定的进攻球,多数情况下能控制好方向和深度,并有不同的旋转; 发球/接发球:能发到对方的弱点位置上,为进攻取得优势,能有把握地变化发球,二发利用深度、旋转和落点使对手回球软,为自己下一拍做准备,接发球能控制好深度和旋转,并能根据情况选择大力进攻或减速; 网前:截击有深度、速度和方向,难截的球也能打出深度,能抓住机会靠截击得分;

续表

NTRP 分级	技术特征
5.0	特征:球员对来球能做出很好的提前判断,在比赛的关键球上经常有出色的表现并能拿下关键分,能够稳定地打出得分球,能救起小球和化解对方的截击球,也能成功地挑高球、放小球、打反弹球和高压球,能根据对手情况变化战术,双打中与同伴配合默契,随着经验的增加,不像 4.5 级球员那样容易败给自己,与 5.5 级的选手相比,输球更多是由于心理或体力原因
5.5	特征:力量和稳定性(或二者之一)已经成为该级别选手的主要武器,能根据对手的抛球、站位、拉拍等动作进行判断,为自己下一拍进攻提前准备,在激烈的比赛中能变化战术和风格,在紧急关头能打出有把握的球
6.0	特征:这一级别的选手一般在高中、大学期间就为参加国内(指美国)比赛而接受过强化训练,并在选拔赛或全国(指美国)比赛中拿过名次
7.0	特征:这已是国际级别的选手,其能参加国际大赛并以比赛奖金为收入来源

任务二 太极拳

一、太极拳简介

1. 太极拳简介

太极拳是中华民族辩证的理论思维与武术、艺术、引导术、中医等的完美结合,它以中国传统儒、道哲学中的太极、阴阳辩证理念为核心思想,集颐养性情、强身健体、技击对抗等多种功能为一体,是高层次的人体文化。作为一种饱含东方包容理念的运动形式,其习练者针对意、气、形、神的锻炼,非常符合人体生理和心理的要求,对人类个体身心健康以及人类群体的和谐共处,有着极为重要的促进作用。

新中国建立后,毛泽东曾号召全国人民打太极拳。1978 年以来,中国的改革开放给太极拳的全面发展营造了巨大的空间,太极拳进入推广普及期,邓小平曾亲笔题词"太极拳好"。演练太极拳之风不仅在国内盛行,太极拳大师们还走出国门,将太极拳这一国之瑰宝传播海外一百五十多个国家和地区。太极拳传播至今,已经成为世界上参与人数最多、最受人们喜爱的武术运动和健身活动项目之一,全世界的太极拳习练者高达三亿之多。

2. 练习太极拳的要求

（1）静心用意，呼吸自然。练拳都要求思想安静集中，专心引导动作，呼吸平稳，深匀自然，不可勉强憋气。

（2）中正安舒，柔和缓慢。身体保持舒松自然，不偏不倚，动作如行云流水，轻柔匀缓。

（3）动作弧形，圆活完整。动作要呈弧形式螺旋形，转换圆活不滞，同时以腰作轴，上下相随，周身组成一个整体。

（4）连贯协调，虚实分明。动作要连绵不断，衔接和顺，处处分清虚实，重心保持稳定。

（5）轻灵沉着，刚柔相济。每一动作都要轻灵沉着，不浮不僵，外柔内刚，发劲要完整，富有弹性，不可使用拙力。

3. 练习太极拳的要领

（1）虚领顶劲。头颈似向上提升，并保持正直，要松而不僵可转动，劲正直了，身体的重心就能保持稳定。

（2）含胸拔背，沉肩垂肘。胸、背、肩、肘的姿势，胸要含不能挺，肩不能耸而要沉，肘不能抬而要下垂，全身要自然放松。

（3）手眼相应，以腰为轴，移步似猫行，虚实分清。打拳时必须上下呼应，融为一体，要求动作出于意，发于腰，动于手，眼随手转，两下肢弓步和虚步分清而交替，练到腿上有劲，轻移慢放没有声音。

（4）意体相随，用意不用力。切不可片面理解不用力。如果打拳时软绵绵的，打完一套拳身体不发热，不出汗，心率没有什么变化，这就失去打拳的作用。正确理解应该是用意念引出肢体动作来，随意用力，劲虽使得很大，外表却看不出来，即随着意而暗用劲的意思。

（5）意气相合，气沉丹田。用意与呼吸相配合，呼吸要用腹式呼吸，一吸一呼正好与动作一开一合相配。

（6）动中求静，动静结合。肢体动而脑子静，思想要集中于打拳，所谓形动于外，心静于内。

（7）式式均匀，连绵不断。每一招一式的动作快慢均匀，而各式之间又是连绵不断，全身各部位肌肉舒松协调而紧密衔接。

二、24 式简化太极拳

24 式简化太极拳也叫简化太极拳，是国家体委（现为国家体育总局）于 1956 年组织太极拳专家汲取杨氏太极拳之精华编串而成的。尽管它只有 24 个动作（表 12－2－1），但相比传统的太极拳套路来讲，其内容更显精练，动作更显规范,也能充分体现太极拳的运动特点。

表 12-2-1　24 式简化太极拳动作名称

序号	名称	序号	名称	序号	名称	序号	名称
1	起势	7	左揽雀尾	13	右蹬脚	19	海底针
2	左右野马分鬃	8	右揽雀尾	14	双峰贯耳	20	闪通背
3	白鹤亮翅	9	单鞭	15	转身左蹬脚	21	转身搬拦捶
4	左右搂膝拗步	10	云手	16	左下势独立	22	如封似闭
5	手挥琵琶	11	单鞭	17	右下势独立	23	十字手
6	左右倒卷肱	12	高探马	18	左右穿梭	24	收势

1. 第一式:起势

【动作解说 1】

①身体自然直立,两脚开立,与肩同宽,脚尖向前;两臂自然下垂,两手放在大腿外侧;眼平看前方(图 12-2-1、图 12-2-2)。

【动作要点 1】头颈正直,下颌微向后收,不要故意挺胸或收腹。精神要集中(起势由立正姿势开始,然后左脚向左分开,成开立步)。

图 12-2-1　　　图 12-2-2　　　图 12-2-3　　　图 12-2-4

【动作解说 2】

②两臂慢慢向前平举,两手高与肩平,与肩同宽,手心向下(图 12-2-3)。

③上体保持正直,两腿屈膝下蹲;同时两掌轻轻下按,两肘下垂与两膝相对;眼平看前方(图 12-2-4)。

【动作要点 2】两肩下沉,两肘松垂,手指自然微屈。屈膝松腰,臀部不可凸出,身体重心落于两腿中间。两臂下落和身体下蹲的动作要协调一致。

2. 第二式：野马分鬃

【动作解说】

①上体微向右转，身体重心移至右腿上；同时右臂收在胸前平屈，手心向下，左手经体前向右下划弧至右手下，手心向上，两手心相对成抱球状；左脚随即收到右脚内侧，脚尖点地；眼看右手（图12-2-5）

②上体微向左转，左脚向左前方迈出，右脚跟后蹬，右腿自然伸直，成左弓步；同时上体继续向左转，左右手随转体慢慢分别向左上、右下分开，左手抬高与眼齐平（手心斜向上），肘微屈；右手落在右胯旁，肘也微屈，手心向下，指尖向前；眼看左手（图12-2-6～图12-2-8）

图12-2-5　　　图12-2-6　　　图12-2-7　　　图12-2-8

③上体慢慢后坐，身体重心移至右腿，左脚尖翘起，微向外撇（大约45°～60°），随后脚掌慢慢踏实，左腿慢慢前弓，身体左转，身体中心再移至左腿；同时左手翻转向下，左臂收在胸前平屈，右手向左上划弧至左手下，两手心相对成抱球状；右脚随即收到左脚内侧，脚尖点地；眼看左手（图12-2-9）。

④右腿向右前方迈出，左腿自然伸直，成右工部；同时上体右转，左右手随转体分别慢慢向左下、右上分开，右手高与眼平（手心斜向上），肘微屈；左手落在左胯旁，肘也微屈，手心向下，指尖向前；眼看右手（图12-2-10～图12-2-12）。

图12-2-9　　　图12-2-10　　　图12-2-11　　　图12-2-12

⑤同③解,只是左右相反(图12-2-13)。

⑥同④解,只是左右相反(图12-2-14~图12-2-16)。

图12-2-13

图12-2-14

图12-2-15

图12-2-16

【动作要点】上体不可前俯后仰,胸部必须宽松舒展。两臂分开时要保持弧形。身体转动时要以腰为轴。弓步动作与分手的速度要均匀一致。做弓步时,迈出的脚先是脚跟着地,然后脚掌慢慢踏实,脚尖向前,膝盖不要超过脚尖;后腿自然伸直;前后脚夹角约成45°~60°(需要时后脚跟可以后蹬调整)。野马分鬃式的弓步,前后脚的脚跟要分在中轴线两侧,之间的横向距离(以动作进行的中线为纵轴,其两侧的垂直距离为横向)应该保持在10~30厘米。

3. 第三式:白鹤亮翅

【动作解说】

①上体微向左转,左手翻掌向下,左臂平屈胸前,右手向左上划弧,手心转向上,与左手成抱球状;眼看左手(图12-2-17)。

②右脚跟进半步,上体后坐,身体重心移至右腿,上体先向右转,面向右前方,眼看右手;然后左脚稍向前移,脚尖点地,成左虚步,同时上体再微向左转,面向前方,两手随转体慢慢向右上、左下分开,右手上提停于右额前,手心向左后方,左手落于左胯前,手心向下,指尖向前;眼平看前方(图12-2-18~图12-2-20)。

图12-2-17

图12-2-18

图12-2-19

图12-2-20

【动作要点】完成姿势胸部不要挺出,两臂都要保持半圆形,左膝要微屈。身体重心后移、右手上提、左手下按要协调一致。

4. 第四式:搂膝拗步

【动作解说】

①右手从体前下落,右下向后上方划至右肩外,手与耳同高,手心斜向上;左手由左下向上、向右划弧至右胸前,手心斜向下;同时上体先微向左再向右转;左脚收至右脚内侧,脚尖着地,眼看右手(图12-2-21、图12-2-22)。

②上体左转,左脚向前(偏左)迈出成弓步;同时右手屈回由耳侧向前推出,高与鼻尖齐平,左手向下由左膝前搂过落于左胯旁,指尖向前;眼看右手指(图12-2-23、图12-2-24)。

图12-2-21　　　　图12-2-22　　　　图12-2-23　　　　图12-2-24

③右脚慢慢屈膝,上体后移,身体重心移至右腿,左脚尖翘起微向外撇,随后脚掌慢慢踏实,右脚前弓,身体左转,身体重心移至左腿,右脚收到左脚内侧,脚尖着地;同时左手向外翻掌由左后向上划弧至左肩外侧,肘微屈,手与耳同高,手心斜向上;右手随转体向上、向下划弧落于左胸前,手心斜向下;眼看左手(图12-2-25~图12-2-28)。

图12-2-25　　　　图12-2-26　　　　图12-2-27　　　　图12-2-28

④同③解,只是左右相反(图12-2-29~图12-2-32)。

图12-2-29　　　　　图12-2-30　　　　　图12-2-31　　　　　图12-2-32

【动作要点】前手推出势,身体不可前俯后仰,要松腰松胯。推掌时要沉肩垂肘,坐腕舒掌,同时松腰、弓腿,上下协调一致。搂膝拗步成弓步时,两脚跟的横向距离保持30厘米左右。

5. 第五式:手挥琵琶

【动作解说】右脚跟进半步,上体后坐,身体重心转至右腿上,上体半面向右转,左脚略提起稍向前移,变成左虚步,脚跟着地,脚尖翘起,膝部微屈;同时左手由左下向上挑举,高与鼻尖平,掌心向右,臂微屈;右手收回放在左肘里侧,掌心向左;眼看左手食指(图12-2-33~图12-2-35)。

图12-2-33　　　　　图12-2-34　　　　　图12-2-35

【动作要点】身体要平稳自然,沉肩垂肘,胸部放松。左手上起时不要直向上挑,要由左向上、向前,微带弧形。右脚跟进时,脚掌先着地,再全脚踏实。身体重心后移和左手上起、右手收要协调一致。

6. 第六式：左右倒卷肱

【动作解说】

①上体右转,右手翻掌(手心向上)经腹前由下向后上方划弧平举,臂微屈,左手随即翻掌向上;眼的视线随着向右转体先向右看,再转向前方看左手(图12-2-36、图12-2-37)。

②右臂屈肘折向前,右手由耳侧向前推出,手心向前,左臂屈肘后撤,手心向上,撤至左肋外侧;同时左腿轻轻提起向后(偏左)退一步,脚掌先着地,然后全脚慢慢踏实,身体重心移到左腿,成右虚步,右脚随转体以脚掌为轴扭正;眼看右手(图12-2-38、图12-2-39)。

图12-2-36　　　图12-2-37　　　图12-2-38　　　图12-2-39

③上体微向左转,同时左手随转体向后上方划弧平举,手心向上,右手随即翻掌,掌心向上;眼随转体先向左看,再转向前方看右手(图12-2-40、图12-2-41)。

④同②解,只是左右相反(图12-2-42、图12-2-43)。

图12-2-40　　　图12-2-41　　　图12-2-42　　　图12-2-43

⑤同③解,只是左右相反(图12-2-44、图12-2-45)。

⑥同②解(图12-2-46、图12-2-47)。

图 12－2－44　　　　图 12－2－45　　　　图 12－2－46　　　　图 12－2－47

⑦同③解(图 12－2－48、图 12－2－49)。

⑧同②解,只是左右相反(图 12－2－50)。

图 12－2－48　　　　图 12－2－49　　　　图 12－2－50　　　　图 12－2－51

⑨上体微向右转,同时右手随转体向后上方划弧平举,手心向上,左手放松,手心向下;眼看左手(图 12－2－51)。

【动作要点】前推的手不要伸直,后撤的手随转体走弧线。前推时,要转腰松胯,两手的速度要一致,避免僵硬。退步时,脚掌先着地,再慢慢全脚踏实,现时,前脚随转体以脚掌为轴扭正。退左脚略向左后斜,退右脚略向右后斜,避免使两脚落在一条直线上。后退时,眼神随转体动作先向左或右看,然后再转看前手。最后退右脚时,脚尖外撇的角度略大些,便于接做"左揽雀尾"的动作。

7. 第七式:左揽雀尾

【动作解说1】

①身体继续向右转,左手自然下落逐渐翻掌经腹前划弧至左肋前,手心向上;左臂屈肘,手心转向下,收至右胸前,两手相对成抱球状;同时身体重心落在右腿上,左脚收到右脚内

侧,脚尖点地;眼看右手(图 12-2-52)。

②上体微向左转,左脚向左前方迈出,上体继续向左转,右腿自然蹬直,左腿屈膝,成左弓步;同时左臂向左前方掤出(即左臂平屈成弓形,用前臂外侧和手背向前方推出),高与肩平,手心向后;右手向右下落于右胯旁,手心向下,指尖向前;眼看左前臂(图 12-2-53、图 12-2-54)。

图 12-2-52　　　　　　图 12-2-53　　　　　　图 12-2-54

【动作要点1】掤出时,两臂前后均保持弧形。分手、松腰、弓腿三者必须协调一致。揽雀尾弓步时,两脚跟横向距离上超过10厘米。

【动作解说2】

③身体微向左转,左手随即前伸翻掌向下,右手翻掌向上,经腹前向上、向前伸至左前臂下方;然后两手下捋,即上体向右转,两手经腹前向右后上方划弧,直至右手手心向上,高与肩齐,左臂平屈于胸前,手心向后;同时身体重心移至右腿;眼看右手(图 12-2-55～图 12-2-57)。

图 12-2-55　　　　　　图 12-2-56　　　　　　图 12-2-57

【动作要点2】下捋时,上体不可前倾,臀部不要凸出。两臂下捋须随腰旋转,仍走弧线。左脚全掌着地。

【动作解说3】

④上体微向左转,右臂屈肘折回,右手附于左手腕里侧(相距约5厘米),上体继续向左转,双手同时向前慢慢挤出,左手心向右,右手心向前,左前臂保持半圆;同时身体重心逐渐前移变成弓步;眼看左手腕部(图12-2-58~图12-2-60)。

图12-2-58　　　　　图12-2-59　　　　　图12-2-60

【动作要点3】向前挤时,上体要正直。挤的动作要与松腰、弓腿相一致。

【动作解说4】

⑤左手翻掌,手心向下,右手经左腕上方向前、向右伸出,高与左手齐,手心向下,两手左右分开,宽与肩同;然后右腿屈膝,上体慢慢后坐,身体重心移至右腿上,左脚尖翘起;同时两手屈肘回收至腹前,手心均向前下方;眼向前平看(图12-2-61、图12-2-62)。

⑥上式不停,身体重心慢慢前移,同时两手向前、向上按出,掌心向前;左腿前弓成左弓步;眼平看前方(图12-2-63)。

图12-2-61　　　　　图12-2-62　　　　　图12-2-63

【动作要点4】向前按时,两手须走曲线,腕部高与肩平,两肘微屈。

8. 第八式：右揽雀尾

【动作解说】

①上体后坐并向右转，身体重心移至右腿，左脚尖里扣；右手向右平行划弧至左肋前，手心向上；左臂平屈胸前，左手掌心向下与右手成抱球状；同时身体重心再移至左腿上，右脚收至左脚内侧，脚尖点地；眼看左手（图12-2-64～图12-2-66）。

②同"左揽雀尾"②解，只是左右相反（图12-2-67、图12-2-68）。

图12-2-64　　　图12-2-65　　　图12-2-66　　　图12-2-67

③同"左揽雀尾"③解，只是左右相反（图12-2-67、图12-2-68）。
④同"左揽雀尾"④解，只是左右相反（图12-2-69～图12-2-71）。
⑤同"左揽雀尾"⑤解，只是左右相反（图12-2-72～图12-2-74）。
⑥同"左揽雀尾"⑥解，只是左右相反（图12-2-75）。

图12-2-68　　　图12-2-69　　　图12-2-70　　　图12-2-71

图12-2-72　　　　图12-2-73　　　　图12-2-74　　　　图12-2-75

9. 第九式：单鞭

【动作解说】

①上体后坐，身体重心逐渐移至左腿上，右脚尖里扣；同时上体左转，两手（左高右低）向左弧形运转，直至左臂平举，伸于身体左侧，手心向左，右手经腹前运至左肋前，手心向后上方；眼看左手（图12-2-76、图12-2-77）。

②身体重心再逐渐移至右腿上，上体右转，左脚向右脚靠拢，脚尖点地；同时右手向右上方划弧（手心由里转向外），至右侧方时变勾手，臂与肩平；左手向下经腹前向下划弧停于右肩前，手心向里；眼看左手（图12-2-78）。

③上体微向左转，左脚向左前侧方迈出，右脚跟后蹬，成左弓步；在身体重心向左腿的同时，左掌随上体继续左转慢慢翻转向前推出，手心向前，手指与眼齐平，臂微屈；眼看左手（图12-2-79）。

图12-2-76　　　　图12-2-77　　　　图12-2-78　　　　图12-2-79

【动作要点】上体保持正直，松腰。完成式时，右肘稍下垂，左肘与左膝上下相对，两肩下沉。左手向外翻掌前推时，要随转体边翻边推出，不要翻掌太快或最后突然翻掌。全部过渡动作,上下要协调一致。如面向南起势,单鞭的方向(左脚尖)应向东偏北(大约15°)。

10. 第十式:云手

【动作解说】

①身体重心移至右腿上,身体渐向右转,左脚尖里扣;左手经腹前向右上划弧至右肩前,手心斜向后,同时右手变掌,手心向右前;眼看左手(图12-2-80、图12-2-81)。

②上体慢慢左转,身体重心随之逐渐左移;左手由脸前向左侧运转,手心渐渐转向左方;右手由右下经腹前向左上划弧至左肩膀前,手心斜向后;同时左脚靠近右脚,成小开立步(两脚距离约10~15厘米);眼看右手(图12-2-82)。

③上体再向右转,同时左手经腹前向大踏步划弧至右肩前,手心斜面向后;右手右侧运转,手心翻转向右;随之左腿向左横跨一步;眼看左手(图12-2-83)。

图12-2-80

图12-2-81

图12-2-82

图12-2-83

④同②解。

⑤同③解。

⑥同②解。

【动作要点】身体转动要以腰脊为轴,松腰、松胯,不可忽高忽低。两臂随腰的转动而运转,要自然圆活,速度要缓慢均匀。下肢移动时,身体重心要稳定,两脚掌先着地再踏实,脚尖向前。眼的视线随左右手而移动。第三个"云手"的右脚最后跟步时,脚尖微向里扣,便于接"单鞭"动作。

11. 第十一式:单鞭

【动作解说】

①上体向右转,右手随之向右运转,至右侧方时变成勾手;左手经腹前向右上划弧至右肩前,手心向内;身体重心落在右腿上,左脚尖点地;眼看左手(图12-2-84~图12-2-86)。

②上体微向左转,左脚向左前侧方迈出,右脚跟后蹬,成左弓步;在身体重心移向左腿的同时,上体继续左转,左掌慢慢翻转向前推出,成"单鞭"式(图12-2-87)。

图12-2-84　　　　图12-2-85　　　　图12-2-86　　　　图12-2-87

12. 第十二式:高探马

【动作解说】

①右脚跟进半步,身体重心逐渐后移至右腿上;右手变掌,两手心翻转向上,两肘微屈;同时身体微向右转,左脚跟渐渐离地;眼看左前方(图12-2-88)。

②上体微向左转,面向前方;右掌经右耳旁向前推出,手心向前,手指与眼同高;左手收至左侧腰前,手心向上;同时左脚微向前移,脚尖点地,成左虚步;眼看右手(图12-2-89～图12-2-91)。

【动作要点】上体自然正直,双肩要下沉,右肘微下垂。跟步移换重心时,身体不要有起伏。

图12-2-88　　　　图12-2-89　　　　图12-2-90　　　　图12-2-91

13. 第十三式：右蹬脚

【动作解说】

①左手手心向上,前伸至右腕背面,两手相互交叉,随即向两侧分开并向下划弧,手心斜向下;同时左脚提起向左前侧方进步(脚尖略外撇);身体重心前移,右腿自然蹬直,成左弓步;眼看前方(图12-2-92)。

②两手由外圈向里圈划弧,两手交叉合抱于胸前,右手在外,手心均向后;同时右脚向左脚靠拢,脚尖点地;眼平看右前方(图12-2-93)。

③两臂左右划弧分开平举,肘部微屈,手心均向外;同时右腿屈膝担起,右脚向右前方慢慢蹬出;眼看右手(图12-2-94、图12-2-95)。

图12-2-92　　　图12-2-93　　　图12-2-94　　　图12-2-95

【动作要点】身体要稳定,不可前俯后仰。两手分开时,腕部与肩齐平。蹬脚时,左腿微屈,右脚尖回勾,劲使在脚跟。分手和蹬脚须协调一致。右臂和右腿上下相对。如面向南起势,蹬脚方向应为正东偏南(约30°)。

14. 第十四式：双峰贯耳

【动作解说】

①右腿收回,屈膝平举,左手由后向上、向前下落至体前,两手心均翻转向上,两手同时向下划弧分落于右膝两侧;眼看前方(图12-2-96)。

②右脚向右前方落下,身体重心渐渐前移,成右弓步,面向右前方;同时两手下落,慢慢变拳,分别从两侧向上、向前划弧至面部前方,成钳形状,两拳相对,高与耳齐,拳眼都斜向下(两拳中间距离约10~15厘米);眼看右拳(图12-2-97~图12-2-99)。

图 12-2-96　　　　　图 12-2-97　　　　　图 12-2-98　　　　　图 12-2-99

【动作要点】完成式时,头颈正直,松腰松胯,两拳松握,沉肩垂肘,两臂均保持弧形。双峰贯耳式的弓步和身体方向与右蹬脚方向相同。弓步的两脚跟横向距离同"揽雀尾"式。

15. 第十五式:转身左蹬脚

【动作解说】

①左腿屈膝后坐,身体重心移至左腿,上体左转,右脚尖里扣;同时两拳变掌,由上向左右划弧分开平举,手心向前;眼看左手(图12-2-100)。

图 12-2-100　　　　　图 12-2-101　　　　　图 12-2-102　　　　　图 12-2-103

②身体重心再移至右腿,左脚收到右脚内侧,脚尖点地;同时两手由外圈向里圈划弧合抱于胸前,左手在外,手心均向后;眼平看左方(图12-2-101、图12-2-102)。

③两臂左右划弧分开平举,肘部微屈,手心均向外;同时左腿屈膝提起,左脚向左前方慢慢蹬出;眼看左手(图12-2-103)。

【动作要点】与左蹬脚式相同,只是左右相反。左蹬脚方向与右蹬脚成180°(即正西偏北,约30°)。

16. 第十六式：左下势独立

【动作解说1】

①左腿收回平屈，上体右转；右掌变成勾手，左掌向上、向右划弧下落，落于右肩前，掌心斜向后；眼看右手（图12-2-104）。

②右腿慢慢屈膝下蹲，左腿由里向左侧（偏后）伸出，成左仆步；左掌下落（掌心向外）向左下顺左腿内侧向前穿出；眼看左手（图12-2-105、图12-2-106）。

图12-2-104

图12-2-105

图12-2-106

【动作要点1】右腿全蹲时，上体不可过于前倾。左腿伸直，左脚尖须向里扣，两脚脚掌全部着地。左脚尖与右脚跟踏在中轴线上。

【动作解说2】

③身体重心前移，左脚跟为轴，脚尖尽量向外撇，左脚前弓，右腿后蹬，右脚尖里扣，上体微向左转并向前起身；同时左臂继续向前伸出（立掌），掌心向右，右勾手下落，勾尖向后；眼看左手（图12-2-107）。

④右腿慢慢提起平屈，成左独立势；同时右手变掌，并由后下方顺右腿外侧向前弧形摆出，屈臂立于右腿上方，肘与膝相对，手心向左；左手立于左胯旁，手心向下，指尖向前；眼看右手（图12-2-108、图12-2-109）。

图12-2-107

图12-2-108

图12-2-109

【动作要点2】上体要正直,独立的腿要微屈,由腿提起时脚尖自然下垂。

17. 第十七式:右下势独立

【动作解说】

①右脚下落于左脚前,脚掌着地;然后左脚前掌为轴,脚跟转动,身体随之左转,同时左手向后平举变成勾手,右掌随着转体向左侧划弧,立于左肩前,掌心斜向后,眼看左手(图12-2-110)。

②同"左下势独立"②解,只是左右相反(图12-2-111、图12-2-112)。

图12-2-110

图12-2-111

图12-2-112

③同"左下势独立"③解,只是左右相反(图12-2-113)。

④同"左下独立势"④解,只是左右相反。(图12-2-114、图12-2-115)。

【动作要点】右脚尖触地后必须稍微提起,然后再向下仆腿,其他均与"左下独立势"相同,只是左右相反。

图12-2-113

图12-2-114

图12-2-115

18. 第十八式：左右穿梭

【动作解说】

①身体微向左转，左脚向前落地，脚尖外撇，右脚跟离地，两腿屈膝成半坐盘式；同时两手在左胸前成抱球状；然后右脚收到左脚的内侧，脚尖点地；眼看左前臂（图12-2-116）。

②身体右转，右脚向右前方迈出，屈膝弓腿，成右弓步；同时右手由脸前向上举并翻掌停在右额前，手心斜向上；左手先向左下再经体前向前推出，高与鼻尖平，手心向前；眼看左手（图12-2-117、图12-2-118）。

图12-2-116

图12-2-117

图12-2-118

③身体重心略向后移，右脚尖稍向外撇，身体重心移至右腿，左脚跟进，停于右脚内侧，脚尖点地；同时两手在右胸前成抱球状；眼看左前臂（图12-2-119）。

④同②解，只是左右相反（图12-2-120、图12-2-121）。

【动作要点】完成姿势面向斜前方（如面向南起势，左右穿梭方向分别为正本偏北和正偏南，均约30°）。手推出后，上体不可前俯。手向上举时，防止引肩上耸。一手上举一手前推要与弓腿松腰上下协调一致。做弓步时，两脚跟的距离同搂膝拗步式，保持在30厘米左右。

图12-2-119

图12-2-120

图12-2-121

19. 第十九式：海底针

【动作解说】右脚向前跟进半步,身体重心移至右腿,左脚稍向前移,脚尖点地,成左虚步;同时身体稍向右转,右手下落经体前向后、向上提抽至肩上耳旁,再随身体左转,由右耳旁斜向前下方插出,掌心向左,指尖斜向下;与此同时,左手向前、向下划弧落于左胯旁,手心向下,指尖向前;眼看前下方(图12-2-122～图12-2-124)。

图12-2-122　　　　　图12-2-123　　　　　图12-2-124

【动作要点】身体要先向左转,再向左转。完成姿势,面向正西。上体不可太前倾。避免低头和臀部外凸。左腿要微屈。

20. 第二十式：闪通臂

【动作解说】上体稍向右转,左脚向前迈出,屈膝弓腿成左弓步;同时右手由体前上提,屈臂上举,停于右额前上方,掌心翻转斜向上,拇指朝下;左手上起经胸前向前推出,高与鼻尖平,手心向前;眼看左手(图12-2-125～图12-2-127)。

图12-2-125　　　　　图12-2-126　　　　　图12-2-127

【动作要点】完成姿势上体自然正直,松腰、松胯;左臂不要完全伸直,背部肌肉要伸展开。

推掌、举掌和弓腿动作要协调一致。弓步时,两脚跟横向距离同"揽雀尾"式(不超过10厘米)。

21. 第二十一式:转身搬拦捶

【动作解说】

①上体后坐,身体重心移至右腿上,左脚尖里扣,身体向后转,然后身体重心再移至左腿上;与此同时,右手随着转体和右、向下(变拳)经腹前划弧至左肋旁,拳心向下;左掌

上举于头前,掌心斜向上;眼看前方(图12-2-128、图12-2-129)。

②向右转体,右拳经胸前向前翻转撇出,拳心向上;左手落于胯旁,掌心向下,指尖向前;同时右脚收回后(不要停顿或脚尖点地)即向前迈出,脚尖外撇;眼看右拳(图12-2-130、图12-2-131)。

图12-2-128　　　图12-2-129　　　图12-2-130　　　图12-2-131

③身体重心移至右腿上,左脚向前迈一步;左手上起经左侧向前上划弧拦出,掌心向前下方;同时右拳向右划弧收到右腰旁,拳心向上;眼看左手(图12-2-132、图12-2-133)。

④左腿前弓成左弓步,同时右拳向前打出,拳眼向上,高与胸平,左手附于右前臂里侧;眼看右拳(图12-2-134、图12-2-135)。

图12-2-132　　　图12-2-133　　　图12-2-134　　　图12-2-135

【动作要点】右拳不要握得太紧。右拳回收时,前臂要慢慢内旋划弧,然后再外旋停于右腰旁,拳心向上。向前打拳时,右肩随拳略向前引伸,沉肩垂肘,右臂要微屈。弓步时,两脚横向距离同"揽雀尾"式。

22. 第二十二式:如封似闭

【动作解说】

①左手由右腕下向前伸出,右拳变掌,两手手心逐渐翻转向上并慢慢分开回收;同时身体后坐,左脚尖翘起,身体重心移至右腿;眼看前方(图12-2-136~图12-2-138)。

②两手在胸前翻掌,向下经腹前再向上、向前推出,腕部与肩平,手心向前;同时左腿前弓成左弓步;眼看前方(图12-2-139)。

图12-2-136　　图12-2-137　　图12-2-138　　图12-2-139

【动作要点】身体后坐时,避免后仰臀部不可凸出。两臂随身体回收时,肩、肘部略向外松开,不要直着抽回。两手推出宽度不要超过两肩。

23. 第二十三式:十字手

【动作解说】

①屈膝后坐,身体重心移向左腿,左脚尖里扣,向右转体;右手随着转体动作向右平摆划弧,与左手成两臂侧平举,掌心向前,肘部微屈;同时右脚尖随着转体稍向外撇,成右侧弓步;眼看右手(图12-2-140)。

②身体重心慢慢移至左腿,右脚尖里扣,随即向左收回,两脚距离与肩同宽,两腿逐渐蹬直,成开立步;同时两手向下经腹前向上划弧交叉合抱于胸前,两臂撑圆,腕高与肩平,右手在外,成十字手,手心均向后;眼看前方。(图12-2-141~图12-2-143)。

图 12-2-140　　　图 12-2-141　　　图 12-2-142　　　图 12-2-143

【动作要点】两手分开和合抱时,上体不要前俯。站起后,身体自然正直,头要微向上顶,下颏稍向后收。两臂环抱时须圆满舒适,沉肩垂肘。

24. 第二十四式:收势

【动作解说】两手向外翻掌,手心向下,两臂慢慢地下落,停于身体两侧;眼看前方(图12-2-144~图12-2-147)。

【动作要点】两手左右分开下落时,要注意全身放松,同时气也要徐徐下沉(呼气略加长)。呼吸平稳后,把左脚收到右脚旁,再走动休息。

图 12-2-144　　　图 12-2-145　　　图 12-2-146　　　图 12-2-147

任务三　体育舞蹈

一、体育舞蹈概述

体育舞蹈也称国际标准交谊舞,是体育与艺术高度结合的一项体育项目。它是以男女为伴的一种步行式双人舞的竞赛项目。它被分为两个项群,十个舞种。其中摩登舞项群含有华尔兹、维也纳华尔兹、探戈、狐步和快步舞;拉丁舞项群包括伦巴、恰恰、桑巴、牛仔和斗牛舞。每个舞种均有各自舞曲、舞步及风格。根据各舞种的乐曲和动作要求,组编成各自的成套动作。

比赛分团体赛和个人赛两种,按预赛(淘汰赛)、复赛(选拔赛)、半决赛(资格赛)、决赛(名次赛)的程序进行。团体赛由每个参赛单位的8对男女运动员组成,按顺序进行比赛。个人赛分职业组和业余组,分别进行不同要求的比赛。对比赛舞种也有不同规定。比赛场地长23米,宽15米。比赛按音乐节奏配合、身体基本姿势、舞蹈动作、旋律的掌握以及对音乐的理解、舞步等方面评定运动员的成绩。体育舞蹈的音乐不超过4分30秒。视比赛规模设5~9名裁判员,按国际评判标准规定的基本技术、音乐表现力、舞蹈风格、舞蹈编排、临场表现、赛场效果等六个方面进行评分。1992年,国际标准交谊舞曾被列为奥运会表演项目。

国际标准交谊舞20世纪30年代传入中国,80年代发展较快,先后与日、美、英等国家进行交流活动。1987年国家举办了首届全国国际标准交谊舞比赛;1991年举行了首届全国体育舞蹈锦标赛。

体育舞蹈的锻炼价值,首先从教育的角度看,在于给人真善美的教育。投身体育舞蹈,能不断陶冶情操,汲取美的真谛,提高审美能力,改善人际关系(增强人际交往、感情交流和心灵沟通——人际关系的特点就是它具有感情基础)。其次,从锻炼的角度看,体育舞蹈是一项很有锻炼价值的全民健身、健心运动。它能健美体形,锻炼体魄。经常参加体育舞蹈锻炼,可以改善体形与体态,对人的形体进行"生物学"改造,使体态丰满、匀称。再次,从塑形(职业形象)的角度看,能改变动作的"原始状态",提高机体的柔韧性与灵活性,增强可塑性和形态美,纠正不良姿态,养成良好的"三姿",塑造优美健康体形,保持良好的公众(公关)形象。

二、体育舞蹈名词术语

(1)舞程向:在一个舞池中,为避免互相碰撞而规定舞者必须按逆时针方向行进,这个行进方向叫舞程向。

(2)舞程线:在跳舞时为了防止碰撞,规定舞者必须按规定的行进路线有序行进,这条按逆时针方向行进的路线叫舞程线。

(3)团体舞:团体舞是现代舞或拉丁舞的混合舞,由8对选手组成,借助音乐的引导,将5种舞蹈在变化莫测的队形变动中编织出丰富多样的图案,它将音乐、舞姿、队形、图案和选手们的配合融为一体,达到完美的统一,使体育舞蹈的风格特点得到更为鲜明的表现。

(4)合对位舞姿(闭式舞姿):"合"指男女交手握抱,"对"指男女面对面,泛指男女面对双手扶握的身体位置。

(5)开式舞姿:指男士的右侧与女士的左侧身体紧密贴靠,身体的另一侧略向外展开成"V"形地站立或行进的身体位置。

(6)影子位舞姿:男女舞伴向同一方向重叠而立,形影相随的身体位置,以女士居前较常见。

(7)升降动作:是指在跳舞时身体的上升与下降,升降动作是在膝、踝、趾关节的屈和伸动作的转换中完成的。

(8)节奏:指一定规律反复出现,赋予音乐以性格的具有特色的节拍。

(9)速度:指音乐速度,即每一分钟内所演奏的小节总数。

(10)组合:两个或两个以上的舞步型的结合。

(11)套路:由若干个组合而串编成的一套完整的舞步型。

(12)擦步:指当动力脚从一个开位向另一个开位移动时,必须先向主力脚靠拢,而重心不变的舞步。

(13)滑步:指在第二步双脚并拢时第三步的舞步。

(14)锁步:两脚前后交叉的步子。

(15)轴转:一脚脚掌的旋转,另一脚处于或前或后的反身动作位置。

三、华尔兹基本舞步及组合

(一)华尔兹介绍

华尔兹是交际舞中历史最悠久的舞蹈,是通常我们所说的慢三步。华尔兹典雅大方,动作流畅,旋转性强,热烈而兴奋,它以此起彼伏、接连不断的潇洒转体,配以华丽的服装、优美的音乐,使其至今保持着"舞蹈之王"的美称。它的音乐是 3/4 拍,舞步基本上是一拍跳一步,每小节三步,但在各舞步中也有不同的变化,舞者的身体有起伏、倾斜、摆荡和反身的特点。

(二)基本步练习

1. 前进并换步(图 12-3-1)

【男生】左脚前进→右脚经左脚横步→左脚并与右脚→右脚前进→左脚经右脚横步→右脚并与左脚;

【女生】右脚后退→左脚经右脚横步→右脚并与左脚→左脚后退→右脚经左脚横步→左脚并与右脚。

图 12-3-1

2. 后退并换步(图 12-3-2)

【男士】右脚后退→左脚经右脚横步→右脚并与左脚→左脚后退→右脚经左脚横步→左脚并与右脚;

【女士】左脚前进→右脚经左脚横步→左脚并与右脚→右脚前进→左脚经右脚横步→右脚并与左脚。

【动作提示】在动作配合中,处于后退的一方一定要给前进的一方让开位置,第一步中舞者的身体没有任何变化,在跳第二步时,男女伴的身体要向侧做倾斜,升到最高点时,重心落下后才能够走下一个步法。

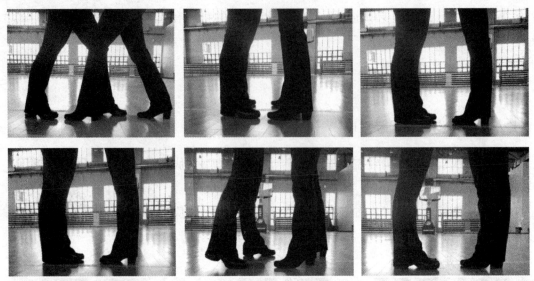

图 12-3-2

（三）单元步法练习

左脚并换步→右转步→右脚并换步→左转步→弔形步→侧行追步→左脚并换步→右转步→右脚并换步→左转步。

1. 左脚并换步（图 12-3-3）

【男士】左脚前进→右脚经左脚横步稍前→左脚并右脚；

【女士】右脚后退→左脚经右脚横步稍后→右脚并于左脚。

图 12-3-3

2. 右转步（图 12-3-4）

【男士】右脚前进→左脚经右脚横步→右脚并于左脚→左脚后退→右脚经左脚横步→左脚并于右脚；

【女士】左脚后退→右脚经左脚横步→左脚并于右脚→右脚前进→左脚经右脚横步稍前→右脚并于左脚。

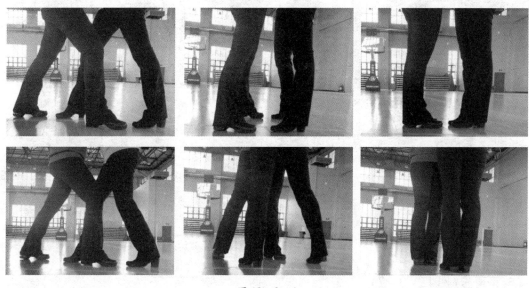

图 12-3-4

3. 右脚并换步(图 12-3-5)

【男士】右脚前进→左脚经右脚横步稍前→右脚并于左脚；

【女士】左脚后退→右脚经左脚横步稍后→左脚并于右脚。

图 12-3-5

4. 左转步(图 12-3-6)

【男士】左脚前进→右脚横步→左脚并于右脚→右脚后退→左脚经右脚横步→右脚并于左脚；

【女士】右脚后退→左脚经右脚横步→右脚并于左脚→左脚前进→右脚经左脚横步→左脚并于右脚。

图 12-3-6

5. 帚形步（图 12-3-7）

【男士】左脚前进→右脚横步稍前→左脚在右脚后交叉；
【女士】右脚后退→左脚斜后退→右脚在左脚后交叉。

图 12-3-7

6. 侧行追步（图 12-3-8）

图 12-3-8

【男士】右脚前进并交叉于反身动作位置→左脚横步稍前→右脚并于左脚→左脚横步稍前；

【女士】左脚前进并交叉于反身动作位置→右脚横步→左脚并于右脚→右脚横步稍后。

7. 左脚并换步（同1）

8. 右转步（同2）

9. 右脚并换步（同3）

10. 左转步（同4）

四、形体练习

芭蕾基本手位练习如图12-3-9所示。

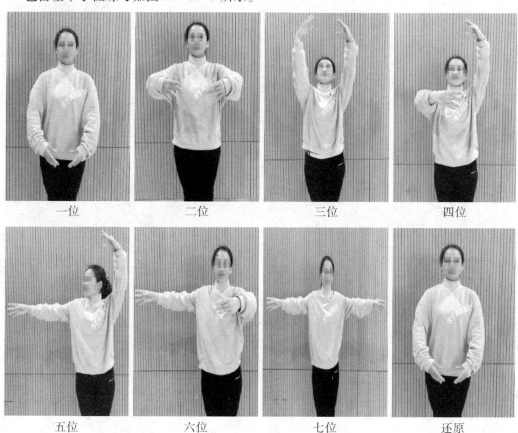

图 12-3-9

【预备姿势】收腹、挺胸、提臀、立腰、下颚微收，面向一点站立。

【一位】两臂弧形稍离体前下垂，兰花指，手心向上。

【二位】两臂弧形前举，稍低于肩，掌心对胸。

【三位】两臂弧形上举,掌心相对,眼随手走。

【四位】一手在二位,一手在三位。

【五位】一手在三位,一手在七位。

【六位】一手在七位,一手在二位。

【七位】两臂弧形侧平举,稍低于肩,掌心向前下方,然后还原预备姿势。

附录1 体能主导类业群岗位应用性素质评价

一、评价分析

体能主导类从业人员工作时,一般从事户外或工作强度较大的室内操作,劳动负荷较大,从常规身体素质而言,对身体素质要求主要体现大肌肉群力量和耐力方面。因而本主题让学生掌握简单地评价方法,让体能主导类专业的学生能了解自己目前岗位身体素质状况,作出针对性的体能性训练安排,以适应体能主导类岗位需要。同时,在未来体能主导类工作岗位中,能对自己的身体素质作出合理的评价,采取正确的应对措施。

二、评价导航

(一)评价预备知识

项目一 下肢力量评价:立定跳远。
项目二 上肢力量评价:曲臂悬垂。
项目三 耐力水平评价:1000米(男),800米(女)。

(二)评价注意事项

1. 评价项目的自主性

岗位劳动的千差万别,劳动的局部分化,对人体局部劳动的体能性素质,像力量、耐力、速度的要求也不尽相同。学习者可根据自己目前专业,对应未来职业岗位作出判断、选择和应用。在学校,由于考虑到班级建制,评价体系的便利性等因素影响,可能会针对体育主导类学生统归一类整体评价,这是需要注意的。

2. 评价项目的灵活性

本主题从上下肢力量和人体耐力水平相对全面性考虑,仅仅是提供一点简单的评判方法而已,自己也可以寻求更适合自己岗位应用的素质评价方法,如握力计、拉簧等。

三、评价实施

评价一　下肢力量评价：立定跳远

(一)评价目的

评价下肢肌肉爆发力及身体协调能力的发展水平。

(二)评价器材

平坦场地一块,皮尺。

(三)评价方法与过程

受试者两脚自然开立,站在起跳线后,脚尖不得踩线。两脚原地同时起跳,不得有垫步或连跳动作。丈量起跳线后缘至最近着地点后缘的垂直距离。一般情况下试跳三次,记录其中成绩最好的一次。以厘米为单位,不计小数(附图1-1)。

附图 1-1

(四)评价标准

评价标准见附表1-1。

附表 1-1　立定跳远评价成绩对照表(单位:米)

等级	得分	一年级		二年级		三年级		四年级	
		男	女	男	女	男	女	男	女
优秀	100	2.58	2.01	2.61	2.03	2.63	2.05	2.66	2.07
	98	2.57	2.00	2.60	2.02	2.62	2.04	2.65	2.06

续表

等级	得分	一年级		二年级		三年级		四年级	
		男	女	男	女	男	女	男	女
优秀	96	2.55	1.98	2.58	2.00	2.60	2.03	2.63	2.05
	94	2.54	1.97	2.57	1.99	2.59	2.01	2.62	2.03
	92	2.52	1.95	2.55	1.97	2.57	1.99	2.60	2.01
	90	2.50	1.93	2.53	1.95	2.55	1.97	2.58	1.99
良好	87	2.47	1.91	2.51	1.93	2.53	1.95	2.56	1.97
	84	2.44	1.87	2.47	1.89	2.49	1.91	2.52	1.93
	81	2.40	1.84	2.44	1.85	2.45	1.87	2.48	1.89
	78	2.34	1.79	2.39	1.80	2.40	1.82	2.43	1.84
	75	2.29	1.75	2.34	1.75	2.35	1.77	2.38	1.79
及格	72	2.26	1.72	2.31	1.73	2.32	1.74	2.35	1.76
	69	2.21	1.67	2.26	1.69	2.28	1.70	2.31	1.72
	66	2.17	1.63	2.22	1.65	2.23	1.67	2.26	1.69
	63	2.10	1.57	2.15	1.60	2.17	1.61	2.20	1.63
	60	2.04	1.51	2.09	1.54	2.11	1.56	2.14	1.58
不及格	50	2.02	1.50	2.07	1.53	2.1	1.54	2.12	1.56
	40	1.99	1.47	2.04	1.50	2.07	1.52	2.09	1.53
	30	1.96	1.45	2.01	1.47	2.04	1.49	2.06	1.50
	20	1.92	1.41	1.97	1.44	2.01	1.45	2.03	1.46
	10	1.89	1.38	1.93	1.41	1.97	1.42	1.99	1.42

注：资料来源于中国学生体质健康网(http://www.csh.edu.cn/csphw/press/biaozhun.html)

(五)注意事项

(1)一般情况评价三次,选择最好的一次成绩。

(2)可以赤足,但不得穿钉鞋、皮鞋、塑料鞋评价,以免受伤。

评价二 上肢力量评价:曲臂悬垂

(一)评价目的

屈臂悬垂主要评价上肢及胸部力量。

(二)评价器材

单杠或类似于单杠可以做悬垂的物、秒表。

(三)评价方法与过程

屈臂悬垂,其一同伴可帮他/她上杠维持在屈臂状态,下颌超过横杠(但不可触杠),受试者准备好后,示意同伴放手。同伴放手时便按动秒表,受试者努力维持,直至其下颌低于横杠,同伴便停止秒表,把读数报给受试者(附图1-2)。

附图1-2

(四)评价标准

评价标准见附表1-2。

附表1-2 屈臂悬垂评价成绩对照表(单位:秒)

年龄	性别	级别				
		优	良	中	一般	差
18岁	男	77以上	64~76	46~63	34~45	33以下
	女	34以上	21~33	9~20	4~8	3以下
19岁	男	79以上	65~78	48~64	36~47	35以下
	女	38以上	23~37	9~22	5~8	4以下

续表

年龄	性别	级别				
		优	良	中	一般	差
20岁	男	79以上	65~78	48~64	35~47	34以下
	女	38以上	24~37	10~23	5~9	4以下
21岁	男	80以上	66~79	48~65	35~47	34以下
	女	41以上	25~40	11~24	6~10	5以下
22岁	男	78以上	66~79	48~65	35~47	34以下
	女	41以上	25~40	11~24	5~10	4以下

注:参照《体育与健康实践教程》(北京体育大学出版社,2010)

(五)注意事项

由静止状态开始计时,评价时下颌不得低于单杠,评价过程中下颌如若低于单杠,评价计时结束。

评价三 耐力水平评价:1000米(男),800米(女)

(一)评价目的

耐力水平是评价男女生下肢耐力及抗疲劳水平最常见方法,1000米(男)、800米(女)项目既是评价有氧耐力水平,也评价无氧耐力水平。它既可以反映肌肉耐力又可以反映呼吸系统和心血管系统的机能水平,耐力是衡量人的健康状况和劳动、工作能力的基本因素,是从事各项活动必不可少的一种运动,因此评价耐力水平对于评价学生体质健康状况有着非常重要的意义,简单且便于操作。

(二)评价器材

田径场、秒表。

(三)评价方法

评价内容分别是男生1000米,女生800米,按照田径比赛规则进行评价。

(四)评分标准

评分标准见附表1-3。

附表1－3　耐力水平评价成绩对照表(单位:秒)

年级	一年级		二年级		三年级		四年级	
性别	男	女	男	女	男	女	男	女
极好	3′30″	3′42″	3′28″	3′24″	3′28″	3′24″	3′27″	3′24″
比较好	3′50″	3′38″	3′43″	3′38″	3′41″	3′38″	3′39″	3′38″
略高于一般水平	4′02″	3′50″	3′56″	3′50″	4′08″	3′50″	3′49″	3′50″
一般	4′15″	4′03″	4′16″	4′08″	4′23″	4′08″	4′12″	4′08″
略低于一般水平	4′35″	4′23″	4′31″	4′23″	4′38″	4′23″	4′33″	4′23″
比较差	4′45″	4′30″	4′40″	4′30″	4′45″	4′30″	4′40″	4′30″
极差	5′05″	4′44″	5′00″	4′44″	4′58″	4′44″	4′54″	4′44″

注:资料来源于中国学生体质健康网(http://www.csh.edu.cn/csphw/press/biaozhun.html)

(五)注意事项

充分做好准备活动,注意选择正确的运动姿势和呼吸方式,评价结束后注意放松,加速恢复,消除疲劳,增加体能。

四、评价处方

评价处方见附表1－4。

附表1－4　体能主导类岗位应用性素质评价记录表

姓名:_____			性别:_____				
周次	立定跳远		曲臂垂悬		耐力素质		
	最好成绩	次/周	最好成绩	次/周	最好成绩	次/周	
1							
2							
……							

注:此表仅供参考,可自己确定简便易行的评价项目

附录2 灵巧主导类业群岗位应用性素质评价

一、评价分析

灵巧主导类业群专业从工作身体姿态看,以伏案型、站立型为主,参与工作的肌肉群多为中小肌肉群,以上肢手臂、手指运用为多,辅以腿脚腰的灵活性,对局部肌肉灵敏协调、柔韧、中小力量耐力和动作速度等身体素质要求较高。通过分析,灵巧主导类业群,应选择手指、手腕、前臂、肩、躯干肌肉收缩与舒张能力,柔韧和灵活协调性,关节伸张、外展和内旋、上下活动范围耐力能力,发展机体中低强度的有氧代谢能力。应包括运动中的本体空间感觉、平衡稳定与准确性,应急应变,神经系统传导反应能力,提高目测和注意力集中,心理耐疲劳和手眼身法步结合,脑体并用配合能力等内容。

因此,以灵巧主导类要求较高的灵敏素质为研究目标,提供了几种简单的测试方法,为灵巧主导类练习者科学锻炼、合理评价提供支持。

二、评价导航

(一)评价预备知识

项目一 灵敏性评价:伊利诺斯灵敏跑。
项目二 协调性评价:转棍测试。
项目三 反应性测评价:试落尺实验。

(二)评价注意事项

1. 评价项目的综合性

灵巧类业群参与工作的肌肉群多为中小肌肉群,以部分关节部位居多,同时对身体的综合素质要求较高,学习者可根据自己目前专业,对应未来职业岗位有针对性的选择项目进行练习,但是根据实际教学情况,在进行评价过程中,需要对学习者进行一个综合的评价。

2. 评价项目的针对性

本主题从人体的灵敏、协调和反应等方面出发,对灵巧类业群进行综合的考虑,提供了几种综合的评判方法,而灵巧类业群岗位设置较多,对身体的各个部位关节所要求的灵敏度也各不相同,学习者可以根据自己的岗位所需求的部位关节灵敏进行有针对性的评价。

三、评价实施

评价一 灵敏性评价:伊利诺斯灵敏跑

(一)评价目的

反映人体的灵敏素质水平。

(二)评价器材

椅子、秒表、测试记录表。

(三)评价方法与过程

在一块平整的场地上放置4把椅子,每把椅子间隔3m,具体布置见附图2-1所示。双手撑住俯卧的身体,头部在起始线上。当得到出发的信号,立即起身,按照路线奔跑,以最快的速度冲过终点。记录所用时间,代入附表2-1评价灵敏性素质。

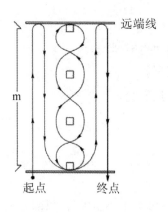

附图2-1

测试结果:跑完全程用时____(s)____等级(灵敏素质评价)。

(四)评价标准

评价标准见附表2-1。

附表2-1 灵敏素质评价(单位:秒)

等级	男子	女子
优秀	<15.8	<17.4
很好	16.7~15.9	18.6~17.5
好	18.6~16.8	22.3~18.7
一般	18.8~18.7	23.4~22.4
差	>18.9	>23.5

注:评分标准来源依据《健康体育导论》之运动健康评价(http://www.hep.edu.cn)

(五)注意事项

(1)测试前,做好充分的准备活动,了解奔跑的路线。

(2)测试开始,采用蹲踞式起跑,测试过程注意呼吸方式。

(3)测试结束注意放松。

评价二 协调性评价:转棍测试

(一)评价目的

反映人体的协调性素质水平。

(二)评价器材

圆棍3根、测试记录表。

(三)评价方法与过程

需要3根60cm长,直径1.5cm粗的圆棍。双手各握一根圆棍,另一根圆棍架在手中的两棍之上(附图2-2(a))。将这根圆棍抛向空中,翻转半周(180°),用手中的两圆棍接住(附图2-2(b))。另一种测试,将圆棍抛向空中,翻转一周(360°),用手中的两圆棍接住(附图2-2(c))。在正式测试之前可做练习,准备好以后,连做5次半周翻转,再做5次一周翻转。每完成一次半周翻转得1分,每完成一次一周翻转得2分。计算出得分,代入(附表2-2)评价协调性素质。

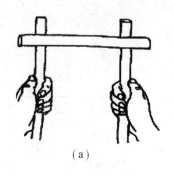
(a)

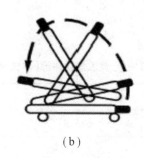
(b)

(c)

附图 2-2

测试结果：

得分 = 完成半周翻转次数 × 1 + 完成一周翻转次数 × 2

(四)评价标准

评价标准见附表 2-2。

附表 2-2 协调性素质评价

等级	男子	女子
优秀	14~15	13~15
很好	11~13	10~12
好	5~10	4~9
一般	3~4	2~3
差	0~2	0~1

注：评分标准来源依据《健康体育导论》之运动健康评价(http://www.hep.edu.cn)

(五)注意事项

(1) 正式测试之前可以先熟悉操作流程，练习数次。

(2) 翻转可以顺时针方向也可以逆时针方向，选择自己最协调的方向。

评价三 反应性评价：落尺实验

(一)评价目的

反映人体的反应素质。

(二)评价器材

桌子、椅子、尺子、测试记录表。

(三)评价方法与过程

本实验需要一张桌子、一把椅子、尺子和同伴的帮助。受试者将手置于桌边,虎口向上,拇指与食指成U形。同伴拿住尺的顶端,底端与受试者虎口上缘平齐。尺子从虎口中间落下前不给予提示。当尺下落时,受试者迅速用手指捏住落尺。记录受试者捏住点与尺子上端(零端)距离。测量3次,取中间值,代入(附表2-3)评价反应时。

测试结果:

落尺成绩_____(中间值)_____等级。

(四)评价标准

评价标准见附表2-3。

附表2-3 反应时评价(单位:厘米)

等级	得分
优秀	>53
很好	48~52
好	41~47
一般	33~40
差	<33

注:评分标准来源依据《健康体育导论》之运动健康评价(http://www.hep.edu.cn)

(五)注意事项

(1)测试三次,取中间值。

(2)尺下落前不能给予受试者任何形式的提示。

四、运动处方

运动处方见附表2-4、附表2-5。

附表 2-4　灵巧主导类岗位应用性过程性评价表

姓名：_____　　　性别：_____　　　年龄：_____

周次	灵敏素质练习				协调性素质练习				反应性素质练习			
	方式	时间	频率	强度	方式	时间	频率	强度	方式	时间	频率	强度
1												
2												
3												
4												
5												
6												
7												
8												
9												
……												

注：练习内容参考应用性；　时间(XX 分钟/天)；　频率(XX 天/周)；　强度(XX/%)

附表 2-5　灵巧主导类岗位应用性素质测试记录表

姓名：_____　　　性别：_____　　　年龄：_____

月次	测试项目			备注
	伊利诺斯灵敏跑（跑完全程用时 s）	转棍测试（得分 = 完成半周翻转次数×1 + 完成一周翻转次数×2）	落尺实验（三次平均值）	
1				
2				
3				
4				
5				
6				
……				

附录3　心智主导类业群岗位应用性素质评价

一、评价分析

心智主导类从业人员工作时,身体姿势多以"伏案型"为主(长时间坐在办公桌前工作),偏重于传统的脑力劳动;劳动负荷仅从常规身体素质而言,对身体素质要求主要体现局部小肌群小强度耐力、灵敏协调和神经系统配合方面。由于偏重于脑力劳动,对大脑神经系统的要求特别高,如长时间的有意注意能力,大脑长时间工作抗疲劳能力,眼睛适应能力等。因而本主题让学生掌握简单地评价方法,让心智主导类专业的学生能了解自己目前岗位身体素质状况,作出针对性的应用性训练安排,以适应心智主导类岗位需要。同时,在未来心智主导类工作岗位中,能对自己的身体素质作出合理的评价,采取正确的应对措施。

二、评价导航

(一)学习本主题的预备知识

项目一　躯干肌肉耐力评价:"平板"测试。
项目二　颈部肌肉耐力评价:仰卧翘头测试。
项目三　脑注意力评价:舒尔特方格量表测试。

(二)评价注意事项

1. 评价项目

心智主导类业群从业者较别的业群从业者,对总体体能方面要求较低,而主要对包括腰背部、颈部以及手腕等关节的局部负荷较高,因此特针对以上局部小肌群的小强度耐力等进行测试评价。学习者可以根据自己具体工作实际情况,进行针对性的测试、评价。

2. 评价方法与过程

本主题中的舒尔特量表测试,仅是测试有意注意能力、手脑协调能力的简单测试方法之一。可采用的其他方法包括打字练习速度、正确率测试、手指灵活性测试仪测试等。此外，在舒尔特量表测试中，不仅可以采用数字量表，也可以采用英文字母量表。数字量表中，也可以从非1的数字进行，如2～26等。

三、评价实施

评价一　躯干肌肉耐力："平板"测试

（一）评价目的

简洁反映人体躯干耐力水平。

（二）评价器材

秒表、测试记录表及垫子。

（三）评价方法与过程

受试者两臂分开，手部和前臂与地面接触以支撑起身体。背部和腿部必须同时保持笔直状态。当受试者的腰部降低，或者不能保持这个姿势时，测试结束停表（附图3-1）。

附图3-1

（四）评价标准

评价标准见附表3-1。

附表3-1　"平板"测试评分标准对照表（单位：秒）

评分标准	男子	女子
世界纪录级	1980	1980
卓越的	>390	>360
非常强	240～390	240～360

续表

评分标准	男子	女子
强	120~240	120~240
健康的	60~120	60~120
勉强可接受的	30~60	30~60
差	11~29	11~29
非常差	1~10	1~10
值得警惕的差	不能完成此动作	

注：资料来源于 http://www.ptgear.co.uk/fitness-tests/the-plank-test

（五）注意事项

（1）在"平板"试验中，必须保证下背部保持在合适的位置而非过分拱起。收紧腰部并保持其正确的位置。

（2）在这个练习中，通过100倒计数的方法是很有效的。通过这种方法，可以有效地分散注意力，这会让你不再关心"不能控制的"的时间，而是关心所坚持的时间。

评价二　颈部肌肉耐力：仰卧翘头测试

（一）评价目的

测量颈部耐力水平。

（二）评价器材

垫子、角度显示板、测试记录表、秒表。

（三）评价方法与过程

（1）首先，受试者仰卧在试验台上，膝盖弯曲，双手置于腹部。如果受试者因为过度的驼背而不能完全仰卧在试验台上时，那我们允许受试者通过使用的标准平沙袋置于头下，以实现标准仰卧。

（2）在测试员指导下，受试者收紧下巴，使头部与颈部从平躺位置抬高约2.5厘米，并尽力保持此动作。此时，受试者的前颈下部会出现大约2道皮肤的皱褶，测试员将一手缓慢滑入受试者抬起的头部下方。

（3）受试者在测试员的要求下放松颈部，将头部放松放在测试员的手背上。接下来，在接收到测试员"全力收紧下巴"的指令时,受试者再次抬起头部,使得头的后部达到与测试员的手部轻微接触的位置(附图3-2)。

(4)在测试过程中,测试员可以将手在受试者的头部下方来回轻柔的滑动,与受试者头部保持轻微接触的同时,保证受试者的头部处在正确的高度和位置。

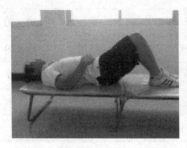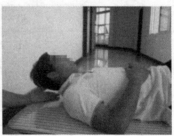

附图3-2

(四)评价标准

评价标准见附表3-2。

附表3-2 颈部肌肉耐力测试评分标准对照表(单位:秒)

评分标准	男子	女子
低于平均水平	<38	<23
平均水平	38~40	23~28
高于平均水平	>40	>28
注:资料来源于 The Deep Neck Flexor Endurance Test: Normative Data Scores in Healthy Adults		

(五)注意事项

(1)受试者总共会测试两次,两次测试之间间隔5分钟,以利于肌肉力量的恢复。在休息时间内,受试者被要求继续在测试台上保持仰卧姿势,允许头部进行左右摆动而不允许使头部抬起离开测试台。最终取两次测试成绩的平均数。

(2)测试过程中,当出现以下四种情况之一时,计时终止:

①当受试者不能再坚持收紧下巴而导致前颈下部的两道皮肤皱褶消失时;

②当受试者的头部在测试员的手背部休息超过一秒时;

③当测试员发现受试者抬起其头部,导致其头部与测试员手部不再发生接触时;

④当受试者不再愿意继续时。

评价三 脑注意力:舒尔特方格量表测试

(一)评价目的

测量注意力水平。

(二)评价器材

舒尔特方格量表若干张、测试记录表、秒表。

(三)评价方法与过程

在一张方形卡片上画上 1cm×1cm 的 25 个方格,格子内任意填写上阿拉伯数字 1~25 共 25 个数字。测试时,要求受试者眼睛距表 30~35 厘米,视点自然放在表的中心,在所有数字全部清晰入目的前提下,测试员开始计时,受试者用手指按 1~25 的顺序依次指出其位置,同时诵读出声。此过程中,测试员在一旁检查受试者是否依次找到相应数字,并在受试者全部按序正确指出数字时,记录所用时间。数完 25 个数字所用时间越短,注意力水平越高。

(四)评价标准

舒尔特方格量表范例见附表 3-3,评价标准见附表 3-4。

附表 3-3 舒尔特方格量表范例

舒尔特方格量表 001					舒尔特方格量表 002				
19	24	21	5	12	10	22	8	3	24
22	11	8	15	6	1	20	13	18	6
7	14	1	13	16	14	7	2	19	11
3	18	9	20	2	21	17	5	23	25
10	23	25	17	4	4	12	16	9	15
舒尔特方格量表 003					舒尔特方格量表 004				
15	4	13	9	21	25	18	14	5	23
20	16	23	18	25	15	10	22	8	3
1	22	6	24	17	11	21	7	2	19
5	12	3	8	14	6	1	20	13	17
10	7	19	11	2	24	4	12	16	9

续表

舒尔特方格量表005					舒尔特方格量表006				
4	12	16	9	24	21	8	3	25	18
10	22	8	3	15	20	13	17	6	1
1	20	13	17	6	7	2	19	11	14
14	7	2	19	11	23	15	10	22	5
18	21	5	23	25	9	24	4	12	16

附表3-4 舒尔特方格量表测试评分标准对照表(单位:秒)

年龄	优秀	比较优秀	比较差	问题较大
12-14	<16	16-26	27-36	>36
15-18	<12	12-15	16-25	>25
18+	<8	8-20	>20	

注:资料来源于http://wenku.baidu.com/view/0c74dd8b6529647d27285285.html

(五)注意事项

(1)视野较宽、注意力参数较高的受试者,可以从25格开始练习。如果有兴趣继续提高练习的难度,还可以自己制作36格、49格、64格、81格的表。

(2)练习开始时,达不到标准是比较正常的,切莫急躁。应该从9格开始练起。感觉比较轻松达到要求之后,再逐渐增加难度。

(3)为了避免反复使用相同的表产生记忆,受试者可以自己动手制作不同难度、不同排序的舒尔特表,规格大致为边长20cm的正方形,1套制作10张表。汉字一定要选择自己熟悉的文字。

四、评价处方

评价处方见附表3-5、附表3-6。

附表3-5 心智主导类岗位应用性素质锻炼记录表

姓名:_____ 性别:_____ 年龄:_____

周次	颈部练习				躯干练习				注意力练习			
	内容	时间	频率	强度	内容	时间	频率	强度	内容	时间	频率	强度
1												
2												

续表

姓名:_____				性别:_____				年龄:_____			
	颈部练习				躯干练习				注意力练习		
周次	内容	时间	频率	强度	内容	时间	频率	强度	内容	时间	频率	强度
3												
4												
5												
6												
7												
8												

注1:练习内容参考注2;时间(X 分钟/天);频率 X 天/周);心率(X 次/分钟)。

注2:颈部练习参考选取内容①②③;躯干练习参考选取内容①②③;注意力练习参考选取内容①②③。

内容选取参照心智主导类岗位应用性部分体育运动内容进行自我取舍或添加

附表3-6 心智主导类岗位应用性素质测试记录表

姓名:_____		性别:_____		年龄:_____	
周次	测试内容			自评	备注
	颈部耐力测试	"平板"测试	舒尔特方格测试		
1					
2					
3					
4					
5					
6					
7					
8					
9					
10					
11					
12					

续表

姓名：		性别：		年龄：	
周次	测试内容			自评	备注
	颈部耐力测试	"平板"测试	舒尔特方格测试		
13					
14					
15					
16					
17					
18					
19					
20					